비폭
력대
화

NVC
Nonviolent
Communication

|워크북|

비폭력대화 워크북

개정판 1쇄 발행일 2018년 2월 28일
개정판 6쇄 발행일 2023년 10월 2일

지은이 루시 루
옮긴이 한국NVC출판사
펴낸이 캐서린 한
펴낸곳 한국NVC출판사

등록 2008년 4월 4일 제300-2012-216호
주소 (03035) 서울시 종로구 자하문로17길 12-9(옥인동) 2층
전화 02-3142-5586 **팩스** 02-325-5587
이메일 book@krnvc.org

ISBN 979-11-85121-15-4 03180

＊값은 뒤표지에 있습니다.
＊잘못 만든 책은 구입하신 서점에서 바꾸어 드립니다.

루시 루 지음
한국NVC센터 옮김

비폭력대화

NVC
Nonviolent
Communication

|워크북|

개인과／연습모임을／위한／가이드

한국NVC출판사

처음 대하는 NVC(비폭력대화, Nonviolent Communication, 이하 NVC) 모델은 간단하지만, 일상생활에서 NVC를 활용하려면 계속해서 연습을 하는 것이 필요하다는 점을 우리는 곧 느끼게 됩니다. 이에 부응하여 이 워크북을 내게 된 것을 기쁘게 생각합니다.

NVC를 공부하는 데 도움이 되는 이 워크북은 루시 루가 프리덤 프로젝트(Freedom Project) 리더로 활동할 때 쓴 것입니다. 프리덤 프로젝트는 교도소에 계신 분들에게 NVC를 가르치는 프로그램으로, 루시는 NVC 워크숍이나 연습모임에 자유롭게 참석할 수 없는 사람들이 혼자서 혹은 같이 공부하는 데 도움을 주려고 이 책을 썼습니다. 지금 이 책은 세계 여러 곳에서 널리 사용되고 있습니다. 저도 처음 NVC를 나누기 시작했을 때 이 책의 도움을 많이 받았습니다.

이 책의 앞부분에서 다루고 있는 연습모임의 구조와 구성 방법에 대한 자세한 설명, 그리고 연습모임 진행자들을 위한 친절한 가이드는 모여서 함께 공부하려는 분들에게 무엇보다 큰 도움이 될 것입니다.

NVC를 더 깊이 알게 될수록 우리는 지금 경험하는 느낌을 소중히 여기게 되고, 그 느낌과 욕구(needs)가 그 순간 나의 진실임을 알 때 마음이 편해지고 자유를 경험하게 됩니다. NVC는 그런 개인적 탐구이지만, 그룹으로 모여 서로 성장을 지원하고 축하할 때 우리는 또 다른 차원의 연결과 치유의 에너지를 경험하게 됩니다.

이 책을 내는 데 힘을 모아 주신 분들께 깊이 감사드립니다.

2017. 12. 캐서린 한
한국NVC센터 대표

이 워크북은 마셜 B. 로젠버그의 책『비폭력대화: 일상에서 쓰는 평화의 언어, 삶의 언어』와 함께 사용하기 위해 만든 것으로 비폭력대화를 연습할 수 있는 14주 과정으로 구성되어 있다. 독자 여러분께서는 이 책을 시작하기 전에, 앞에 소개한 마셜의 책을 익히시면 큰 도움이 된다.

기린과 자칼에 대하여

여러 나라에서 비폭력대화(NVC)는 '기린 언어'로 알려져 있다. 마셜은 육상동물 가운데 가장 큰 심장을 가진 기린을 NVC의 상징으로 선택했다. NVC는 키가 큰 기린처럼 멀리까지 볼 수 있는 시야와, 우리의 생각과 말과 행동이 가져올 결과에 대한 더 나은 인식 능력을 기르려고 노력한다. 느낌과 욕구를 표현하는 언어인 NVC는 우리의 여린 내면을 자연스럽게 표현하도록 도와 그것을 힘으로 바꾸어 준다. 상처 받기 쉬운 기린의 긴 목을 보면서, 우리는 그런 내면의 솔직한 표현이 가진 중요성을 떠올리게 된다.

마셜은 타인의 느낌과 욕구는 물론이고 자신의 느낌이나 욕구도 단절된 방식으로 생각하고 말하고 행동하는 우리의 일부를 나타내기 위해 자칼 인형을 사용한다. '기린'은 NVC와 같은 의미로 쓰이기도 하지만 'NVC 의식으로 사는 사람'을 가리키기도 한다. 그리고 자칼은 단지 언어에 문제를 가진 기린이다. 자칼은 우리가 지금 하고 있는 식으로 계속한다면 우리의 욕구를 충족할 수 없을 것이라고 말해 주는 친구와 같은 존재이다. 화상으로 인한 고통이 난로에 너무 가까이 가지 말라고 일러 주는 친구인 것처럼, 자칼은 말하기 전에 시간을 가지고 기린의 방식으로 듣고 생각하라고 일러 주는 친구이다. NVC로 산다는 것은 우리가 내면의 자칼을 알아차리고, 그 알아차림을 통해 우리의 느낌과 욕구에 연결함으로써 자칼을 수용하고 나아가 친구가 되는 것이다. 우리가 힘닿는 만큼 도덕적 판단에서 벗어나 연민으로 그렇게 한다면, 우리는 훨씬 더 풍요로운 삶을 경험할 수 있을 것이다.

이런 식으로 인형을 사용할 때 우리는 우리 내면의 두 부분(말하고 생각하는 두 가지 방식)을 구별하는 데 도움을 받을 수 있고, NVC를 명확하고 재미있게 연습하게 해 줄 효과적인 학습 도구가 된다.

참고: 비폭력대화센터에서 사용하는 기린이라는 용어와 이미지는 기린 프로젝트(The Giraffe Project)와는 관계가 없다. 기린 프로젝트는 자체 훈련 및 교육 자료를 제공하는 별도의 조직이다.

한국의 독자들에게

캐서린 한의 노력으로 한국 사람들이 NVC에 관심을 가지게 되었다는 소식을 전해 듣고 기뻤습니다. 타이완에서 성장기를 보내고 일본에서 일한 적 있는 저로서는, 마셜 로젠버그의 『비폭력대화』와 이 워크북이 아시아에서 처음으로 한국에서 번역·출간되었다는 사실이 무척 반갑습니다. NVC에 관해 직접적이고 폭넓은 지식을 가지고 있으면서 한국 문화에도 익숙한 트레이너와 번역가가 저의 책을 번역하였다는 사실에 제가 얼마나 감사하고 있는지도 전하고 싶습니다.

유교적인 교육 환경에서 성장하고 불교를 공부한 아시아계 여성인 저에게 NVC는 삶을 너무나도 풍요롭게 해 주었습니다. 불교를 공부하면서 저는 진실과 연민을 기르기 위해 노력했습니다. 하지만 제가 말할 때 그 말이 언제나 연민을 담고 있지는 않다는 것을 깨닫게 되었습니다.

저는 1995년에 마셜 로젠버그를 처음 만났습니다. 그는 NVC를 통해 진실과 연민이라는 귀중한 가치를 유지하게 해 주는 방법을 저에게 주었습니다. 순간순간 나 자신의 가치와 연결된 상태에서 말하고 행동하는 것이 저에게도 도전이었지만, 오랫동안 NVC를 실천하면서 내면의 힘이 강화되는 것을 경험했습니다. NVC가 제 삶에 가져다준 자유와 격려, 진정한 마음과 연결에 깊이 감사하고 있습니다. 여러분 또한 저처럼 NVC 안에 다른 많은 선물들이 기다리고 있다는 사실을 발견하는 데 이 워크북이 도움이 되기를 바랍니다.

2008. 1. 30. 루시 루

감사의 말

이 워크북에 있는 과제는 원래 교도소에 수감되어 있으면서도 NVC를 연습하려고 하는 사람들을 위해 만든 것이다. 그랬던 것이 나중에 일반 공동체 안에서 진행되는 연습모임, 즉 트레이너나 인증지도자 없이 NVC를 연습하고자 하는 모임을 지원하기 위한 매뉴얼로 발전하였다.

마셜 로젠버그에게 깊은 감사를 표한다. 그는 NVC를 우리 모두에게 알려 주고, 여러 해 동안 내게 용기와 확신을 심어 주었다. 내가 NVC를 실천하며 살 수 있게 된 데에는 아들 펠릭스, 남편 피터, 그리고 푸젯 사운드 기린들의 도움이 크다. 그들에게 특별히 감사의 마음을 전한다. 그들은 내가 기린 공동체에서 살며 일하는 동안 귀중한 삶의 지혜를 일깨워 준 사람들이다.

루시 루

차 례

제 1 부

워크북의 활용

워크북의 목적

이 책은 마셜 로젠버그의 『비폭력대화: 일상에서 쓰는 평화의 언어, 삶의 언어』와 함께 사용하도록 만들어졌으며, 다음과 같은 사람들을 위한 것이다.

1. NVC(비폭력대화, Nonviolent Communication, 이하 NVC)를 처음 배우고 혼자서 혹은 모여서 NVC의 기본을 익히고 생활에 적용하려는 사람

   NVC는 우리에게 새로운 방법으로 생각하고 말하기를 요구한다. NVC를 통해 큰 감명을 받았다 하더라도 우리의 삶은 연습과 실천에 의해서만 바뀔 수 있다. 이 책은 혼자서 또는 모임의 형태로 14주 동안 NVC를 배우고 연습하는 데 도움이 된다. 한 주에 하기로 되어 있는 연습을 한 달 동안 연습함으로써, 이 책을 14개월 동안 NVC 연습에 전념하는 데 쓸 수도 있다. 이렇게 워크북을 활용한다면 깊이 연결하는 힘과 자연스럽게 말할 수 있는 능력이 날로 자라나는 것을 즐길 수 있을 것이다.

2. 정기적인 연습모임에 참여하려는 사람

   이 책에는 다음과 같은 내용이 들어 있다.
   - 연습모임을 처음 시작할 때 필요한 안내 사항
   - 열네 번의 모임을 위한 활동과 구성

- 참가자들이 돌아가면서 진행을 맡는 방식의 연습모임을 구성하기 위한 제언과 기존의 연습모임을 위한 활동 프로그램
- NVC 연습모임에서 종종 벌어지는 힘든 상황을 인식하고 그것을 해결하기 위한 도움말

3. NVC를 통해 자신의 삶에서 큰 변화를 경험하고 그 선물을 다른 사람과 나누고 싶은 사람

  모임의 진행자나 교사들은 이 책의 내용을 토대로 자신만의 교육 프로그램을 만들 수도 있다.

참 고
  이 책에서 그룹 연습과 활동 부분에 있는 ♣ 표시는 혼자서 연습하려는 개인들을 위한 안내 사항이다.

워크북 활용을 위한 제안

  이 책에 나오는 14개의 과제는 마셜 로젠버그의 『비폭력대화』에 있는 각 장과 연결되어 있다. 로젠버그의 책은 NVC 개념에 대한 폭넓은 가르침을 담고 있다. 워크북을 활용할 때에는 한 주에 한 장씩 공부하기를 권한다. 그러면 앞에서 배운 것을 잊지 않으면서도 새로운 내용을 이해할 수 있는 규칙적이고도 충분한 시간을 가질 수 있게 된다.

참고

이 워크북에서 '마셜'은 마셜 로젠버그를, '책'은 『비폭력대화: 일상에서 쓰는 평화의 언어, 삶의 언어』를 가리킨다.

1. 먼저 '책'의 한 장을 읽는다.

2. 이 워크북 제4부에 있는 같은 장의 개인 과제를 본다. 각 장의 개인 과제는 '책 복습'과 '개인 연습'으로 이루어져 있다.

[**책 복습**] '책'의 각 장의 내용을 상기하거나 복습할 수 있는 간단한 질문으로 구성되어 있다. 대부분의 독자들은 각 장을 다 읽고 난 다음, 배운 것에 대한 기억을 되살리거나 스스로 테스트해 보기 위하여 책 복습에 나온 질문을 활용한다. 한편, 책의 내용을 좀 더 잘 기억하고 집중력을 높이기 위해 책을 읽어 가면서 질문에 대답하는 독자들도 있다. 각자 다양하게 자신에게 가장 도움이 되는 방식으로 책 복습의 질문을 사용할(또는 사용하지 않을) 수 있다.

[**개인 연습**] 책에서 읽은 내용을 응용해 보기 위한 연습과 활동으로 구성되어 있으며 자기 관찰, 되돌아보기, 연습, 그리고 역할극 등을 포함하고 있다. 대개는 한 번의 모임으로 마칠 수 있지만, 일주일 정도 시간이 필요한 것도 더러 있다. 그러므로 한 과제를 끝낸 다음에는 다음 주 과제 중에 여러 날이 필요할 수도 있는 활동이 있는지 살펴보는 것이 좋다.

♣ 개인과 연습모임 구성원을 위한 안내: 공부하다가 떠오르는 생각이나 느낌, 욕구뿐 아니라 연습 문제의 답을 기록하기 위해 노트나 컴퓨터를 곁에 두는 것이 도움이 된다.

3. 함께 그룹으로 연습을 한다면, 시작하기 전에 제3부(함께 연습하기)에 있는 A~F단원을 읽어 보기 바란다. 연습모임 만들기, 진행 구성, 목적 기억하기, 모임 이끌기, 규칙, 그리고 피드백에 관한 내용을 다루고 있다. 그리고 연습모임 기간 동안 문제들이 생길 때마다, 제3부의 나머지 부분을 살펴보기 바란다. 제3부의 G~K 단원에서는 모임 안에서 일어날 수 있는 여러 문제들을 다루고 있으며, 서로 다른 욕구로 갈등이 일어나는 것처럼 보일 때 NVC 정신과 연결을 잃지 않으면서 문제를 해결할 방법에 관한 아이디어들을 제공한다.

♣ 4. 혼자서 연습하는 사람은 '책'의 한 장을 읽고 워크북의 개인 과제를 마친 후, 그 장의 '진행자를 위한 안내'와 '예시 답안'을 살펴보기 바란다. 거기에 나오는 연습과 활동들은 혼자서 공부하는 경우에도 쉽게 활용할 수 있는 것들이고, 예들 또한 직접 해볼 수 있는 것들이다. '진행자를 위한 안내'에 있는 연습 문제들을 다 마치고 나서 '예시 답안'을 자세히 살펴보는 것이 좋다.

혼자서 연습하기

혼자서 연습하기

NVC를 처음 배울 때에는 마치 외국어를 배울 때처럼 기초 개념을 먼저 익힐 필요가 있다. 말하자면 먼저 기초 문법을 배운 다음에 규칙적으로 연습하는 것이다. 다행히 외국어와 달리 NVC는 어디에서나 누구와도 연습할 수 있다. NVC를 연습할 상대가 따로 필요한 것은 아니다. 은행에 가서도 연습할 수 있고, 저녁 식사 중에 귀찮게 걸려오는 시장조사원의 전화를 받으면서도 연습할 수 있다. 또 TV에서 나오는 선거 연설을 들으면서도, 도로에서 경찰관이 우리를 불러 세울 때에도 연습할 수 있다. 부모나 자녀, 직장 동료, 상사, 친구, 애인, 낯선 사람, 적 그리고 가장 중요하게는 자기 자신과 연습할 수 있다.

바쁘게 살아가는 대다수의 사람들로서는 시간과 노력을 들여 꾸준히 연습을 해 나가기가 어렵다. 이 워크북은 여러분이 NVC 연습을 시작할 때 14주 동안 체계적으로 공부할 수 있도록 돕는 내용을 담고 있다. 이 책에 나오는 내용과 과제를 모두 마치고 나면, 아마도 여러분은 NVC 개념을 제대로 이해했다는 자신감을 가질 수 있을 뿐 아니라, 연습 방법들에도 충분히 익숙해져서 자기 나름의 연습 방법을 만들어 갈 수도 있을 것이다.

혼자서 공부하고 연습해 보기로 마음먹었다면, 그에 대한 기대가 무엇이고, 어느 정도의 시간과 노력을 들여 얼마나 정기적으로 연습할 것인지를 분명하게 해 두는 것이 좋다. 14주 동안 계속될 공부를 시작하는 개인으로서, 공부 목적과 연습 횟수를 명확히 해 둘수록 성공할 가능성은 그만큼 더 커진다. 연습하는 목적과 마음가짐을 써 놓고 정기적으로 자신이 이룬 성과들을 돌아보면, 혼자 공부하더라 도 다른 사람들과 함께 연습할 때와 같은 격려와 지지를 어느 정도 받을 수 있게 된다. 많은 분들이 혼자서라도 이 워크북으로 NVC 개 념을 깊이 이해하게 되고 일상생활에서 NVC를 능숙하게 쓰게 되어, 자기 자신뿐 아니라 다른 사람들과도 솔직하고 공감 어린 관계를 맺 을 수 있게 되었다.

이 책의 제4부는 개인 과제, 진행자를 위한 안내, 예시 답안 등 세 부분으로 구성되어 있다.

[개인 과제] '책 복습'과 '개인 연습'으로 구성되어 있다. 여기에 나오 는 연습들은 혼자서 할 수도 있고 모임 활동으로 할 수도 있다.

[진행자를 위한 안내, 예시 답안] 이 부분은 모임에 참가하려는 사람들 을 위해 만든 것이지만 혼자서 공부할 때에도 편리하게 사용할 수 있 다. 이 책에서는 혼자서 연습하는 사람들을 위한 참고 사항을 ♣ 표 시와 함께 설명해 놓았다. 활동을 위한 안내 사항을 읽은 뒤에는 잠 시 멈추고 '내면의 대화'에 귀를 기울여 보기 바란다.

이 워크북을 최대한 효과적으로 활용하려면 연습 시간에 관한 계 획을 세우고 지키는 것이 중요하다. 아무리 좋은 뜻을 세웠더라도 연습 시간이 지나치게 불규칙하면 원하는 목적을 이루지 못할 수도 있다. 아울러, 다음과 같은 사항도 고려해 둘 필요가 있다.

- NVC 연습 공간 마련하기: 매일 또는 매주 집중하여 연습할 수 있는 조용하고 정돈된 공간을 선택한다. 특히 평온하고 깨어 있는 느낌을 주는 외부 공간을 찾아보는 것이 좋다. 아니면 집안 거실 한쪽에 특별 공간을 마련하고, 그곳에 시집이나 그림, 촛불 등, 이 책으로 연습하려는 당신의 열정과 창조성을 계속 일깨우는 데 도움이 될 만한 소품들을 놓아 둔다.

- 메모장이나 녹음기, 컴퓨터 등을 활용하기: 매일 자신의 내면과 상호작용을 하면서 때때로 잠시 시간을 내어 정신의 책갈피 노릇을 할 몇몇 단어들을 메모해 놓으면, 나중에 숙고해 보고 싶은 생각들이나 상호작용을 떠올리는 데 도움이 된다.

제2부_ 혼자서 연습하기

함께 연습하기

A. 연습모임 만들기

어떤 모임에 가입하거나 모임을 만들 때, 우리가 그 모임에 기여하고자 하는 바와 그를 통해 얻고자 하는 점을 분명히 아는 것은 도움이 된다. NVC 연습모임들은 여러 가지 목적을 가지고 있다. 어떤 모임에서는 NVC 프로세스를 능숙하게 활용하는 연습에 초점을 두는 반면, 어떤 모임에서는 NVC 의식으로 맺어진 공동체를 강조한다. 이와 마찬가지로 어떤 사람은 연습모임에 한정된 시간과 에너지를 들이고 싶어 하는 반면, 또 어떤 사람은 연습모임에 큰 의미를 두고 그것을 자기 삶의 중요한 부분으로 삼기도 한다. 구성원들이 개인적으로, 그리고 전체로서 각자 자신의 기대와 관련된 욕구를 명확하고 솔직하게 표현할 수 있다면, 이러한 차이는 혼란과 갈등으로 이어지지 않고 조화롭게 해결될 수 있을 것이다.

다음은 사람들이 연습모임에 오는 보편적인 동기이다.
- NVC 개념을 배우고 복습하기 위해
- NVC를 쉽고 자연스럽게 사용하기 위해
- 같은 생각을 가진 사람들의 공동체에 참여함으로써 자신의 연습과 노력에 대한 지지를 얻기 위해
- 공감과 연결의 욕구를 충족하기 위해
- NVC로 우정을 나누기 위해
- NVC의 목적과 의식을 상기하고 영감을 받기 위해
- NVC를 가르치고 리더십을 길러서 공동체와 삶에 기여하기 위해

한 개인이 연습모임을 시작하는 방법 중 하나는 사람들을 모아서 마셜 로젠버그의 〈삶을 풍요롭게 하기(Making Life Wonderful)〉 같은 NVC 비디오를 함께 보는 것이다. 모인 사람들에게 자신이 NVC에 관심을 가지게 된 이유와 배경, 그리고 모임을 시작하려는 목적을 설명한다. 또, 비디오에 나온 내용을 배울 수 있는 교재로 『비폭력대화』와 『비폭력대화 워크북』을 소개한다.

NVC 정신을 기르고 연습을 하려는 사람의 숫자만큼이나 연습모임을 구성하는 방법도 다양하다. 이 단원과 제4부의 '진행자를 위한 안내' 부분에 연습모임 구성을 다양하게 실험해 볼 수 있도록 여러 제안들을 제시해 두었다. 늘 해 오던 방식에서 벗어나 기꺼이 새로운 방식으로 해 보려는 의지와 자세로 임하면, 개인의 욕구뿐 아니라 모임 전체의 욕구를 충족할 가능성이 커진다. 연습모임 구성에 관한 논의와 다른 생각들을 폭넓게 받아들이는 것이 NVC를 연습하려는 당신의 선택을 확고히 해 준다는 점을 기억하기 바란다. 이런 과정을 통하여 NVC의 원리를 익히고 연결을 유지하고 적용하는 능력을 길러 갈수록 모두가 만족할 수 있는 결과를 만들어 내는 모임의 능력이 그만큼 커진다는 사실을 많은 모임들이 배우고 확인하여 왔다.

워크북 내용을 연습하는 데 적당한 규모는 5~8명 정도이다. 최소한 14주에 걸쳐 일주일에 한 차례, 2시간 30분 동안 진행할 것을 제안한다. 정규적인 모임 시작에 앞서 구성원들이 서로 알아 가는 시간도 가지고, 사용할 교재(책과 워크북)나 모임의 기본 구성, 절차 등에 대한 의견을 나눌 수 있도록 사전 모임을 갖는 것이 좋다. 사전 모임을 할 때, 제1부 '워크북의 활용'과 제3부 '함께 연습하기'의 A~F를 같이 읽어 보면 도움이 될 것이다.

참고

워크북의 기본 과정 14주를 마친 다음, 더 연습을 하기 위해 8주를 추가해 22주로 운영하는 쪽을 선호하는 모임도 많다. 한편, 성공 사례들 중에는 인원을 적게는 4명에서 많게는 12명으로 구성한 모임, 격주로 만나거나 진행 시간을 두 시간 정도로 한 모임도 있다.

이 워크북을 사용하기에 알맞은 모임 형태는 '구성원들이 돌아가며 진행하는 연습모임'이다. 모임 구성원들은 번갈아 진행자 역할을 맡아 가르치고 이끄는 연습을 하고 모임에 기여할 기회를 골고루 누리게 되어 공동체 의식을 갖게 된다. 성공적인 모임을 위해 함께 책임을 진다는 점에서 모든 구성원이 리더이다. 구성원 모두가 모임의 목적과 본질, 방향을 결정하고 실현하는 데 참여한다.

NVC 트레이너가 있는 지역에서는 트레이너를 초대하여 모임의 특정 부분을 진행해 달라고 부탁할 수도 있다. 이때 구성원들은 모임의 '주인'으로서 돌아가며 총괄 진행자 역할을 하는 한편, 초대한 멘토들에게 명확하게 부탁하는 기술을 연습할 기회를 가지게 된다.

B. 목적을 기억하면서 천천히 하기

연습모임을 배움의 장으로 선택할 때, 우리는 연결이 주는 아름다움과 에너지뿐 아니라 상호작용에서 비롯한 충족되지 않는 욕구의 아픔도 동시에 경험하게 된다. 함께하는 동안 기쁨과 아픔을 모두 충분히 인식하고 그로부터 성장하기 위해, 다음 사항들을 고려해 본다.

1. 함께하는 목적을 상기시켜 줄 방법을 찾아본다.

예를 들면, 다음과 같은 방법으로 모임 시간과 공간을 명확히 구분한다.

- 낭독, 촛불, 음악, 일화, 침묵, 차임벨 등으로 모임을 의식적으로 시작하고 맺는다.
- 우리 각자의 마음 안에 있는 곳, '나'와 '다른 사람들'의 분리가 없고 무한한 연민이 흐르는 그곳을 상기시켜 주는 소품(그림, 꽃, 시 등)을 가운데에 놓는다.

연습모임 동안 감사를 표현할 기회를 자주 가진다. 자기 자신, 삶, 타인, 서로에 대해, 그리고 모임 전체에 대한 감사다. 또, 경이로운 일이나 크고 작은 성공을 축하할 기회도 자주 가진다.

> **천천히 하기를 기억하자!**

2. 천천히 하기

가슴으로부터 말하기를 배울 때, 우리는 오래된 습관을 바꾸고 있는 것이다. 나 자신이나 다른 사람들이 말을 하면서 더듬거리거나 주저하고 망설이거나 침묵할 때 그것은 습관적이 아니다. 의식적으로 말하려고 노력한다는 신호로 반갑게 받아들일 수 있다. 다음과 같은 의문을 떠올리면서, 우리 뜻을 말로 표현하기 전에 좀 더 시간을 들일 필요가 있는 것이다.

- 지금 나는 실제로 무엇에 반응하고 있는가?
- 지금 내가 하려고 하는 말 뒤에 있는 의도는 무엇인가?
- 지금 이 순간 내 안에서 생동하는 느낌은 무엇인가?
- 지금 이 순간 내가 하고자 하는 것 뒤에 있는 욕구는 무엇인가?
- 지금 나는 누군가에게 명확한 부탁을 하고 있는가?

모임의 진행 속도를 늦추기 위해, 다음과 같은 방법을 고려해 보자.

- 침묵하는 시간 가지기
  사람들이 자신의 느낌과 욕구와 연결할 수 있도록 침묵의 시간을 가진다.

- 토킹 스틱(말하고 있는 사람을 나타내는 막대기) 돌리기
  스틱을 가진 사람은 빨리 말을 해야 한다는 압박감 없이 구성원

들이 침묵으로 보내 주는 관심을 선물로 받는다. 스틱은 한 방향으로 돌리고, 스틱 가진 사람이 말할 때 다른 사람들은 끼어들거나 논평을 하지 않는다. 스틱을 받은 사람은 침묵 속에 스틱을 들고 있다가 다음 사람에게 넘길 수도 있다.

● 반복해 말해 주기와 바꾸어 말해 주기

자기 차례가 되어 말을 시작하기 전에 바로 앞 사람이 한 말을 반복해 주거나 NVC로 바꾸어서 말해 준다. 모임 중에 한 사람 이상이 강한 감정을 느끼고 있을 때 이 방법은 특히 도움이 된다. 모임 중에 일정한 시간을 정해 놓고 이런 식으로 상호작용하는 것을 연습해 본다. 이 방법은 듣는 능력을 훈련하는 데 효과가 있다.

● 심호흡하기

앞 사람이 말을 마쳐 자기 순서가 돌아오면 말을 시작하기 전에 심호흡을 두 번 한다.

> 🔹 혼자서 할 때에는 어떻게 할까?
> 혼자서 연습하는 경우에도, 여러 사람이 함께할 때와 마찬가지로 연습하는 목적을 기억하고 천천히 하는 것이 중요하다. 가족이나 친구, 동료를 대할 때 여유를 가지고 천천히 반응하는 것을 연습해 본다.

C. 연습모임 진행하기

　모임의 구성원들이 자신만의 방법으로 연습모임을 이끌 때 그들은 기여와 자기표현의 기회를 가지게 된다. 돌아가면서 진행을 맡기 때문에 구성원들은 좀 더 가벼운 마음으로 과감하게 다양한 방법으로 실행해 볼 수 있다. 진행자의 성향에 따라 모임이 정해진 규칙에 따라 또는 자유롭게 진행되면, 시간이 지남에 따라 연습모임은 균형과 다양성을 갖추게 된다.

진행자가 모임에 기여할 수 있는 네 가지 방법

1. 연습모임 공간을 마련하고, 천천히 하기를 기억하고, 감사를 표현할 기회를 만드는 등 모임의 목적을 유지한다.
2. 모임의 활동과 관련된 필요 사항들을 살핀다.(온도, 화장실 등)
3. 모임에서 진행할 구체적인 활동 계획을 짜고, NVC 의식을 바탕으로 연습모임을 이끈다.
4. 자신이 진행할 모임에서 다룰 워크북의 내용과 그 밖의 자료에 익숙하도록 사전에 준비를 하여 준비가 덜 된 구성원들에게 도움이 될 수 있도록 한다.

　이 네 영역에서 진행자가 쓸 수 있는 구체적인 방법은 무한히 많다. 경험이 많은 사람이 진행할 때 연습모임은 그들의 능력과 통찰, 그리고 과거의 실수로부터 많은 점을 같이 배울 수 있을 것이다. 처음으로 모임을 진행하는 사람들을 위한 가이드라인으로 '모임 진행을 위한 제안과 형식의 예'를 아래에 제시하였다. 욕구에 대한 의식이라는 면에서 볼 때 모임을 이끄는 어떤 올바른 방법도, 잘못된 방법도 없다는 것을 깨닫게 될 것이다. 거기에는 단지 나의 (오늘, 지난달) 방법, 너의 (지난주, 작년) 방법, 충족된 욕구와 충족되지 않은 욕구만 있을 뿐이다.

모임 진행을 위한 제안과 형식의 예

다음은 2시간 30분 모임을 진행하기 위한 제안과 형식의 예이다. 처음으로 모임을 이끌 경우 아래의 제안들을 고려해 보기 바란다. 따로 종이를 준비하여 다음 사항들을 쓴다.

- 모임에서 해 보려는 활동들이 정해지는 대로 메모한다.
- 같은 목적을 이룰 수 있는 다른 대안이 있으면 메모한다.
- 모임의 특정한 시점에서 하고자 하는 말을 적어 둔다.
- 그 밖에 당신만의 독창적인 계획을 세워 본다.

모임을 시작하기 전에

1. 공부할 장을 읽고, 워크북의 개인 과제나 모임에서 다루기로 한 다른 자료들을 미리 검토해 둔다.
2. 다음에 제시된 요건들을 활용하여 무엇을 언제 어떻게 할지 계획을 세운다.

모임 하는 날

1. 공간 준비하기

15~30분 전에 도착해서 모든 사람이 서로 볼 수 있도록 둥글게 자리를 마련한다. 음료를 제공한다면 컵이나 차 등을 미리 준비한다. 모여 앉은 한가운데에 장식물을 놓는다. 차트 등을 사용하려면 미리 배치하고, 시계는 모든 사람이 볼 수 있도록 하는 것이 좋다.

2. 맞이하기

사람들이 도착하는 대로 한 사람 한 사람 맞이한다.

3. 자신과 연결하기

모임을 시작하기 전에 30초 정도 자신의 내면과 연결하는 시간을 가진다. 지금 나의 느낌과 욕구는 무엇인가? 모임에서 나누려고 하는 것 뒤에 있는 목적과 연결한다. 잠시 온전히 그 순간에 현존한다.

4. 기억하기

모두 모여 앉게 한다. 우리는 누구이며 왜 이곳에 와 있는가를 기억하는 시간을 잠시 가진다. 계절의 변화든 이웃 나라의 폭격 사건이든, 우리가 삶으로 서로 연결되어 있다는 사실을 느끼게 해 주는 것에 의식을 모은다.

5. 시작하기

지금 이 순간 각자 내면에서 생동하는 것을 나눌 수 있도록 체크인(check in)으로 초대한다. 아니면 "지난 한 주 동안 NVC와 관련하여 나누고 싶은 어떤 통찰이나 경험이 있었나요?", "이번 주에 축하할 일을 함께 나누실 분 계세요?"와 같은 질문을 하여 돌아가면서 대답하도록 요청할 수도 있다. 전체적으로 돌아가며 대답하는 데 드는 예상 시간을 말한 다음, 한 사람이 대략 어느 정도 시간을 사용했으면 하는지 말한다. 시계 방향이나 시계 반대 방향 등 한 방향으로 진행한다. 구성원들이 말하는 한 사람 한 사람에게 주의를 집중할 수 있도록 한다. 토킹 스틱을 돌리거나 다른 방법으로 다음 사람이 시작하기에 앞서 자신의 말이 끝났다는 것을 알릴 수 있도록 한다. 참가자들에게 자신의 느낌과 욕구에 연결하여 말하도록 상기시킨다.

체크인은 다음과 같은 내용들로 진행할 수 있다.

- 간단하게 지금의 느낌만 돌아가면서 나누기
- 지난주에 있었던, NVC와 관련된 경험과 통찰 나누기
- 공감받고 싶은 상황이나 역할극 부탁하기(진행자는 그 부탁들을 기록해 두었다가 체크인이 끝난 후 언제 어떤 순서로 할 것인지 모임에 제안한다.)

체크인 동안에는 말하는 사람에게 반응을 하지 않는 것이 원칙이지만, 진행자는 명료함을 위해 질문을 던질 수 있다.

들어가는 말의 예: "한 사람씩 돌아가면서 체크인을 하는 것으로 이 모

임을 시작했으면 합니다. 총 20분 정도로 잡고 한 사람이 약 3분씩 말씀해 주시기 바랍니다. 제가 먼저 시작하겠습니다. 그리고 제 말이 끝나면 이 토킹 스틱을 왼쪽으로 돌리겠습니다. 말씀하시면서 내면의 느낌과 욕구에 연결하여 머물러 있는 연습을 해 보시기 바랍니다. 그리고 토킹 스틱을 가지고 계신 분은 선택에 따라서 말씀을 하실 수도, 그냥 침묵하실 수도 있습니다."

참고

돌아가며 체크인을 마쳤을 때 자신의 솔직한 내면을 나눈 사람이 여전히 강한 느낌으로 힘들어하고 있다면, 그와 같은 말을 나누어 준 것에 대해 감사를 표하고, 그의 느낌과 욕구를 공감해 주거나 진행자 자신의 솔직한 느낌을 표현하는 것이 좋다.

다음 순서로 넘어가기 전에 이후 진행될 모임의 순서에 대해 간단하게 언급한다.

6. 첫 번째 과제나 연습 활동에 45분을 배정한다.(이것은 대개 모임이 시작되고 30분 정도 지난 다음에 이루어진다.)

7. 필요하면 짧은 휴식 시간을 모임 중간쯤에 가진다.

8. 다음 45분간은 두 번째 과제나 연습 활동으로 이어 간다.(과제나 연습 활동을 계획할 때에는 각 장의 '진행자를 위한 안내'를 참고한다.)

9. 피드백, 감사, 그리고 마무리하기(20~30분 정도). 다시 차례대로 돌아가면서 말하는 것으로 모임을 마친다. 이에 앞서 사람들이 과제나 연습 활동에서 자연스럽게 전환할 수 있도록 짧은 침묵의 시간을 가지는 것이 좋다. 각자의 내면에 있는 감사의 느낌에 연결하도록 초대한다. 오늘 당신의 방법으로 모임에 기여할 기회를 가졌던 것에 대한 감사의 느낌이 있다면 그와 연결한다.

침묵의 시간을 가진 다음에는 오늘 모임에 대한 피드백을 부탁한다. 피드백을 부탁하는 것이 불편할 때에는 당신의 느낌과 욕구, 그리고 그러한 욕구를 충족할 수 있는 부탁을 해 본다.

정식으로 모임을 끝낸다.(말이나 음악, 침묵, 시, 다 같이 손 잡기, 혹은 당신이 원하는 그 밖의 어떤 방법을 사용해도 무방하다.)

10. 다음 모임을 위한 세부 사항 결정
- 다음 모임에서 누가 진행을 맡을지 정하고, 다음 모임에 관한 그 밖의 세부 사항을 결정한다.
- 구성원들의 마음속에 모임에 대한 느낌이 아직 생생하게 남아 있을 때, 모든 참가자에게 5분 정도 개인 피드백 서식을 작성해 달라고 요청한다.(부록5 참조)
- 청소, 짐 정리, 작별 인사, 출발

모임 후

　진행자는 모임을 진행하는 동안 만족스러웠던 점과 그렇지 않았던 것, 효과가 있었던 점과 그렇지 않았던 것, 그리고 다음에 다르게 해보고 싶은 것에 대해 스스로 물어보는 시간을 가진다. 참가자들이 당신을 위해 작성한 개인 피드백 서식을 읽어 본다. 당신의 개인 피드백 서식 뒷면에 자신의 경험에 대해 돌아본 내용을 적어 본다.

　공감이나 이해가 필요하다고 느껴지면, 당신의 말을 귀 기울여 들어 줄 친구를 찾아본다. 만일 당신의 고통이 모임 중에 있었던 누군가의 말이나 행동과 관계가 있다면, 공감과 지지를 받고 싶은 욕구를 충족하면서도 그 사람의 사생활 보호에 대한 신뢰를 지킬 수 있는 방법을 찾는다.

　모임을 진행한 방법에 대해 기쁘고 자랑스럽게 느껴진다면, 당신의 성장과 성취에 감사하고 축하할 수 있는 방법을 찾아본다. 다음 연습 모임의 체크인 자리에서 그 일을 함께 축하할 수도 있을 것이다.

D. 우리는 연습모임 진행자에게 무엇을 원하는가?

미국 시애틀에 사는 30명의 NVC 연습모임 참가자들이 '나는 연습모임 진행자에게 무엇을 원하는가?'라는 주제로 함께 생각해 보는 시간을 가졌다. 다음은 그 내용을 요약한 것이다. 여러분이 연습모임을 진행할 예정이라면, 아래 내용을 참고하여 모임 참가자들이 중요하게 생각하는 진행자의 자질에 대하여 생각해 보기 바란다. 또, 연습모임을 진행한 후 여러분의 진행 방법에 관한 피드백을 부탁할 때에도, 아래 내용을 이용하면 다양한 측면에 대한 피드백을 받아 볼 수 있을 것이다. 아래에서 묘사되고 있는 진행자들과 당신 자신을 비교하지 않기 바란다. 그런 진행자는 실제로 존재하지 않는다.

● **다음과 같은 점들에 집중할 수 있도록 해 주는 진행자를 소중하게 생각한다.**

"그 사람은 초점을 유지하고, 논의가 주제에서 벗어나면 우리를 다시 주제로 돌아올 수 있게 한다. 그 사람은 약속된 시간에 모임을 시작하고 계획한 시간대로 모임을 진행한다."

● **명확한 구성안에 따라 진행하면서도 필요할 때에는 그것을 놓아 버릴 수 있는 진행자를 소중하게 생각한다.**

"그 사람은 순간순간이 가진 의미들을 놓치지 않으면서도 그 날 하기로 약속한 것들을 모두 진행한다. 그는 온 존재로 현재에 머물러 있으며, 폭넓은 지식을 가지고 있고, 적극적인 참여 분위기를 북돋

운다. 모두의 욕구가 충족될 수 있도록 진행과 구성이 유연하다."

● **봉사하는 자세로 모임을 이끄는 진행자를 소중하게 생각한다.**
"그 사람은 우리가 무엇을 원하는지 알려고 노력하며, 우리의 피드
백을 잘 반영한다. 모임의 욕구가 그 사람에게 중요하다."

● **모임의 역동성에 주의를 기울이는 진행자를 소중하게 생각한다.**
"그 사람은 모임 구성원 개개인과 그들 간의 상호작용을 주의 깊게
살핀다. 모임을 주도하거나 압도하지 않으면서도 활동이 자연스럽
고 활발하게 이루어지도록 이끈다. 그 사람은 진도를 나아갈 때와
잠시 머무를 때를 알고 우리를 돕는다."

● **구성원들의 안전에 대한 욕구를 잘 이해하면서 모두의 참여가 중
요한 공간을 만들어 내는 진행자를 소중하게 생각한다.**
"그 사람은 모두가 참여하도록 격려하고, 모든 사람이 말하고 이해
받을 수 있는 기회를 가질 수 있도록 한다. 또, 모임이 한두 사람
에 의해 주도되지 않도록 균형을 유지한다."
"그 사람은 정서적으로 안전한 분위기를 유지하여 참가자들이 편
안하게 자신을 표현하고 자기 자신으로 존재할 수 있게 해 줌으로
써 구성원 모두의 활발한 참여를 이끌어 낸다."

● **우리는 연민을 실행하는 진행자를 소중하게 생각한다.**
"그 사람은 열려 있고 공감하며 인내심이 있다. 그 사람은 판단하

지 않고 주의 깊게 듣는다."

● 즐기는 마음으로 모임을 이끄는 진행자를 소중하게 생각한다.
"그 사람은 유머 감각이 있고 경쾌하다."

● 우리는 겸손하고, 자신의 한계를 기꺼이 인정하며, 위험을 감수할
용기가 있는 진행자를 소중하게 생각한다.
"그 사람은 자신의 한계와 두려움을 알고 있으며 도움을 청할 줄
안다. 그 사람은 자신이 모르는 것을 인정할 수 있는 용기가 있다.
그 사람은 편안한 곳에서 나와 불편한 곳으로 기꺼이 나아간다."

● 모임 준비와 약속에 충실한 진행자를 소중하게 생각한다.
"그 사람은 모임을 잘 계획하고 치밀하며, 진행자의 역할을 진지하
게 받아들인다."

● 우리는 NVC로 자신을 표현할 수 있도록 환기시켜 주는 진행자를
소중하게 생각한다.
"그 사람은 계속해서 NVC 안에 머물러 있으며, 특히 갈등이 있을
때 우리가 서로의 느낌과 욕구를 분명하게 들을 수 있도록 돕는다."

● 연습모임의 진행자에 대해 우리가 소중히 생각하는 다른 점들
명확성, 진정성, 솔직함, 창의성

E. 규칙 만들기

모두가 동의해서 모임의 규칙을 만들면 시간을 절약할 수 있을 뿐 아니라 서로가 같은 이해를 공유하고 있다는 확신을 가질 수 있다. NVC 연습모임이나 다른 조직에서 규칙을 만들고 싶다면 다음과 같은 NVC 프로세스를 적용해 보기 바란다.

1. 규칙은 욕구를 충족하기 위한 수단이다. 하나하나의 규칙 뒤에 있는 욕구를 찾아서 표현해 보자.

2. 스스로에게 '이 규칙은 부탁인가, 강요인가?'라는 질문을 해 보자.(이 규칙 속에 '해야만 한다' '하는 것이 당연하다' '하도록 되어 있다'와 같은 생각이 들어 있는가?)

정기적으로 만나는 모임의 경우, 특히 그 규칙들이 욕구를 중심으로 한 모임 전체의 논의를 거쳐 나온 것이 아니라면, 규칙보다는 느낌이나 욕구, 부탁으로 계속해서 대화를 나누는 쪽이 결과가 더 만족스러울 수 있다. 우리는 '규칙을 어기기로 선택'하는 사람을 보았을 때 규칙을 근거로 판단하고 비난하는 경향이 있다. 예컨대 누군가가 모임에 나오지 않아 규칙을 어겼다면, 그 사람이 모임에 나오지 않은 데 대한 느낌 외에 그가 규칙을 존중하지 않는다는 판단에서 오는 또 다른 한 단계의 고통을 경험하게 된다.

만일 '비밀 보호'처럼 특별히 염려하는 욕구가 있다면, 모든 사람이 그 규칙을 잘 지키리라고 기대하는 데 그치지 않고 우리 걱정을 다음과 같이 명확하게 밝힐 수 있다. "저는 제 뜻과 다르게 사람들이 저를 이해하거나 볼까 봐 걱정이 돼요. 이 모임에서 제 이야기를 나눌 때, 간혹 여러분 중 누군가가 제가 한 이야기를 다른 사람에게 전해서 저에 대한 오해가 생길까 봐 겁이 나요. 그래서 여러분 중에도 저와 같은 걱정을 하고 있는 분이 계신지 이야기를 듣고 싶어요."

지금 이 자리에 없는 사람에 대해 이야기하는 것처럼 불안감을 자아내는 특정한 상황들에 대해 의논해 보자고 요청할 수도 있다. '우리는 어떤 욕구를 충족하고자 하는가? 그리고 그러한 욕구를 충족할 다른 방법은 무엇인가?' '다른 사람에 대해 이야기할 때 그 의도를 좀 더 깊이 있게 의식하는 능력을 어떻게 기를 수 있는가?' '다른 사람에 대해 이야기할 때 우리가 가진 의도를 실현할 수 있도록 서로 도울 수 있는 방법은 무엇인가?' '모임이 진행됨에 따라 사람들이 이 문제를 얼마나 편안하게 느끼는지 확인할 수 있는 방법은 무엇인가?'

특정한 수단/방법으로 한정된 규칙은 실제로 기적이 일어나는 곳인 우리 가슴속에서 근본적인 변화가 일어나는 것을 방해할 수 있다. 모든 욕구를 충족할 수 있는 방법이 수없이 많다는 점을 깊이 깨달았을 때 조금 전까지도 '이렇게 해야만 해.'라고 생각했던 것들을 즐거운 마음으로 내려놓을 수 있게 된다.

물론 우리 사회에서 법과 규칙은 대단히 중요한 역할을 하고 있다. NVC를 하는 사람으로서, 우리가 접하는 각각의 규칙을 우리는 가능한 한 명확하게 욕구로 바꿀 수 있다. 그러나 더 중요한 것은 그 규칙에 따를 것인지 아닌지에 대한 우리 자신의 선택 뒤에 있는 욕구와 연결하는 것이다. 우리 가운데 한 사람이라도 모임이 정한 규칙을 강요로 듣고 안타깝게도 그 규칙을 지키기로 했을 때, 그로 인해 NVC 공동체 구성원 모두가 큰 대가를 치르게 된다는 것을 우리는 잘 알고 있다.

F. 피드백 부탁하기

우리의 말과 행동이 다른 사람들에게 어떤 영향을 주었는지 분명하고 정확하게 아는 것은 개인의 성장뿐 아니라 효과적인 소통 능력을 기르는 데에도 중요하다. NVC는 각자가 자기 자신의 행동뿐 아니라 느낌에도 책임을 질 것을 강조한다. 그래서 우리는 우리의 말과 행동으로 다른 사람을 어떻게 느끼게 만들거나 어떤 행동을 하도록 만들 수 없으며, 다른 사람의 느낌은 그들 자신의 충족되었거나 충족되지 않은 욕구 때문에 생긴다는 점을 분명히 알게 된다.

그러나 우리는 우리 모두가 다른 사람의 행복한 삶에 기여할 수 있는(혹은 그것을 어렵게 할 수 있는) 커다란 힘을 가지고 있다는 사실도 알고 있다. 만일 우리가 자신과 다른 사람들의 행복한 삶에 기여하는 데에서 즐거움을 느낀다면, 우리는 그러한 의도가 제대로 이루어졌는지를 알려 주는 피드백을 중요하게 생각할 터이다. 위에서 느껴지는 포만감은 만찬에서 먹은 요리에 대한 피드백일 것이고, 물건을 배달하러 온 사람이 얼굴에 짓는 미소는 그가 들어올 수 있도록 문을 잡아 준 것에 대한 피드백일 것이다. 또, 뒤차가 빵빵거리는 것은 주차장에서 내가 어떻게 후진을 하고 있는지에 대한 피드백일 수 있다.

우리는 대체로 우리 행동이 정말로 삶에 기여했다는 사실을 확인해 주는 피드백을 환영한다. 하지만 우리가 부정적인 피드백을 듣고 그것을 판단이나 비난 혹은 강요로 듣기로 선택한다면 그러한 피드백은 덜 반가울 것이다. 그러나 위에서 느껴지는 포만감은 요리에 대한 판단도, 내가 많이 먹은 것에 대한 비난도, 다시는 그렇게 포식하지 말라는 강요도 아니다. 우리에게는 항상 선택할 수 있는 힘이 있으며 피드백이 우리를 다르게 행동하도록 '만들 수' 없다는 사실을 기억한다면, 우리는 피드백을 단지 더 효과적인 결정을 내리는 데 도움이 되는 귀중한 정보로 여겨 감사할 수 있게 될 것이다. 다른 사람의 입장을 이해할 목적으로 그들의 말을 들어 주기로 한 것이 곧 그 말에 동조나 동의를 뜻하는 것은 결코 아니다. 그 순간 부정적인 피드백을 듣는 것은 오직 지금 이 순간 그들 안에 생동하고 있는 것이 무엇인지 정확하게 이해하기 위해 그들과 기꺼이 연결하려는 의도일 따름이다.

NVC 연습모임에서 우리는 모두 연민과 연결 그리고 소통의 능력을 키우려는 뜻을 가지고 있다. 피드백을 가치 있게 여기는 사람에게 NVC 연습모임은 피드백의 보고이다. 연습모임 마지막에 모임을 되돌아보고, 서로 감사하고, 피드백을 나눌 시간을 꼭 따로 마련하기 바란다. 연습모임에서 사용할 수 있는 개인과 그룹 피드백 서식을 부록 5와 6에 실어 놓았다.

G. 모임 내의 갈등 상황들

모임을 만들어 같이 공부를 하다 보면 서로 자극을 받아 강한 감정이 올라올 때가 있는데, 이는 그 모임의 풍요로움의 원천인 동시에 도전이 되기도 한다. 우리 대부분은 아마도 시간이 지남에 따라 모임 안에서 다소간의 긴장과 갈등을 경험하게 될 것이다. 갈등이 느껴질 때, NVC에서 가장 중요한 것은 우리의 느낌과 욕구에 대한 의식으로 돌아가는 것이다. 이런 의식이 있을 때 우리는 모두의 욕구를 가장 잘 충족할 수 있는 방법을 의식적으로 선택할 수 있게 된다.

우리는 다른 모임 사람들 사이에서 긴장을 느꼈을 때에는 무의식적으로 억누르거나 무시하는 경향이 있다. 반면에 자기 NVC 연습 모임에서는 불쾌한 상황이 생겼을 때 이것이 'NVC 방식'이라고 생각하면서 사람들이 우리 안에 불러일으키는 모든 좌절, 분노, 짜증을 그들에게 그대로 드러내며 반응하기도 한다. 처음으로 자신의 욕구와 연결하는 짜릿한 경험을 할 때, 우리는 다른 사람의 희생을 대가로 우리의 욕구를 충족할 수 없다는 사실을 잊어버릴 수 있다. 갈등은 분명히 우리의 성장을 위한 훌륭한 양식이다.

그러나 갈등의 성격이나 모임의 대처 능력, 또 그것을 다룰 적절한 시점에 대한 판단은 여전히 필요하다. 풍부한 경험을 쌓은 모임은 불과 몇 달 전이라면 구성원들을 압도해 버렸을 큰 갈등도 피하지 않고 마주할 수 있을 것이다. 해결되지 않은 갈등 때문에 구성원들이 떠나거나 모임이 해체되려 할 때야말로 NVC를 실천할 중요한

순간이라는 점을 기억하기 바란다.(64쪽 11번 참조)

다음 상황들은 연습모임에서 자주 일어나는 갈등과 불만을 정리한 것이다. 연습모임 참가자들의 말을 그대로 인용하고 그 밑에 관련된 설명을 추가했다. 만일 다음에 언급된 것과 같은 어려운 상황을 경험하고 있다면, 인용된 참가자들의 말을 참고해 자신의 느낌, 욕구와 연결하기 바란다. 다음에 나오는 12개의 주제들을 소재로 모임에서 역할극을 해 볼 수도 있고 실제 대화를 해 볼 수도 있다.

1. 여성과 남성, 그리고 다른 차이들

"모임에서 여성 분이 말씀하실 때 가끔 짜증이 확 납니다. 왜냐하면 저는 여성끼리는 모두 알고 있는 것 같은 뉘앙스까지도 같은 수준으로 이해하면서 이 시간을 즐겁게 보내고 싶거든요. 제가 대화의 중요한 부분을 놓치고 있는 건 아닌가 하는 걱정이 들어요. 제가 알고 있는 것과 저의 존재가 있는 그대로 이해받고 받아들여져서 모임에 온전히 참여할 수 있기를 바랍니다."

이 사람은 우리가 모임에 참여할 때 일반적으로 중요하게 여기는 '받아들여짐'에 대한 욕구를 표현하고 있다. 무엇을 관찰했을 때 여성들은 알아듣는 것을 자기는 놓치고 있다고 생각하게 되었는지 스스로 물어보는 것이 도움이 될 것이다. 어떤 여성 참가자들 사이에서 오가는 눈빛을 보았는가? 자신은 하나도 우습다고 생각하지 않는 대목에서 다른 사람들이 웃었는가? 이렇게 관찰한 것을 말함으로써, 그는 여성들이 그동안 의식조차 하지 못했던 행동들을 자각하도록 도울 수 있을지 모른다. 그러나 그보다 중요한 것은, 그가 자신의 느낌과 욕구를 표현하고 여성들에게 공감을 부탁해 보는 것이다. 만약 자신의 외로움과 짜증, 그리고 받아들여지고 싶은 욕구를 여성들이 이해하고 배려한다는 확신을 가질 수 있다면, 그 사람은 이해하지 못할 유머 때문에 당황스러울 때에도 연결과 수용을 경험할 수 있을 것이다.

우리 자신이 '소수자'라고 생각되는 모임에 속해 있을 때에는 우리의 욕구를 표현한 다음, 수용과 존중의 욕구를 충족하는 데 도움이 된다고 생각하는 구체적인 행동을 부탁해 볼 수 있다. 예를 들자면 "지금 어떤지 말씀하시면서 '성차별주의자'라는 말 대신 다른 말을 써 주실 수 있겠습니까?"라고 부탁할 수 있다. 다양한 사람들이 모인 곳에서 같은 배경을 가진 사람들끼리 공유하는 것을 다는 이해하지 못한다고 해도, 우리는 여전히 수용에 대한 욕구를 충족할 수 있다. 그것은 참석자들 가운데 의미 있는 숫자의 사람들이(때로는 단 한 사람일 수도 있다) 우리의 고통에 귀 기울이고 있다는, 또 완전히 받아들여지고 수용되고 존중받고자 하는 우리의 욕구에 진정으로 관심을 가지고 있다는 확신과 신뢰를 우리가 느낄 수 있는가에 달려 있다.

2. 연습하기 vs. 상황 이야기하기

"우리가 매번 역할극을 하기로 동의해 놓고 결국에는 그 상황에 관해서 이야기만 하다가 끝나 버릴 때면 좌절감이 들어요. 왜 이런 일이 일어나는지 모르겠어요."

이러한 걱정을 모임에서 공개적으로 인정한 다음, 모임에 참여한 모두가 역할극을 하는 목적과 과정을 명확하게 이해할 수 있도록 86쪽의 K 단원(역할극을 위한 제언)을 살펴보는 것이 좋다. 만일 참석자들이 연습을 하기보다는 계속해서 상황 이야기를 하고 있다면, 그것은 이야기 주인공의 고통이 너무 커서 역할극을 하기 전에 공감이 필요하기 때문일 수 있다. 그럴 때에는 그 주인공이 상대로부터 공감을 받는 역할극을 하거나(K. 역할극을 위한 제언 2번 참고), 역할극을 중단하고 공감세션으로 전환할 수도 있다.(J. 공감세션을 위한 제언 참고, p.79)

이러한 상황에서 할 수 있는 말의 예: "저는 우리가 지금 역할극 연습을 하기보다 그 상황에 관해서 이야기를 계속하고 있는 것 같아서 걱정이 됩니다. 역할극을 하기 전에 우선 당신이(주인공 이름을 부른다) 그 상황에 대해 좀 더 많은 이해와 공감을 받는 것이 도움이 되지 않을까 하는 생각이 듭니다. 그래서 우리가 여기서 편안하게 공감세션으로 전환하여 과거의 그 상황과 관련된 당신의 현재 느낌과 욕구를 주의 깊게 듣고 반영해 주었으면 하는데 어떻게 생각하시는지요?"

3. 모임 진행 구성: 체계가 강한 vs. 느슨한

아래와 같은 일들이 일어난다.

- 사람들은 늦게 도착하고……
- 그러고는 서로 이야기를 나누고……
- 진행자는 약속된 시간에서 20분이 지나서 체크인을 시작하고……
- 사람들은 NVC와 별로 관련이 없는 이런저런 주제에 관해 자신들의 생각이나 의견을 말하고……
- 사람들이 나는 관심이 없는 것들에 관해 내가 듣고 싶은 것보다 더 많은 이야기를 하고……
- 체크인에 45분이 걸리고……
- 진행자는 그저 흘러가는 대로 따라가는 것처럼 보이고(누가 무슨 말을 하든 모두가 그 화제에 맞춰 주는 것처럼 보인다)……

"저는 제 시간을 NVC를 연습하는 데 쓰기를 바라기 때문에 좌절감이 듭니다."

이 사람은 모임 시간을 소중하게 생각하고 모임의 원래 목적인 'NVC 연습'을 하는 데 유념하며 시간을 쓰기를 원하고 있다. 모임의 모든 사람에게 말하기 전에, 'NVC 연습'이 자신에게 어떤 의미가 있는지를 스스로 명확하게 인식하고, 또 'NVC 연습'에 대한 다른 구성원들의 생각도 열린 마음으로 대하도록 해 볼 수 있다. 자신의 좌절감과 욕구를 표현하고 그에 대한 공감과 이해를 받은 다음에는, 자신이 언급한 사항에 대해 다른 사람들은 어떻게 느끼는지 알고 싶을 수도 있다. 그것을 확인함으로써 그는 늦게 온 사람이 늦은 것에 대해 스스로도 좌절감을 느끼고 있다는 사실이나, 또 다른 사람이 45분간의 체크인을 다른 활동보다 더 소중하게 여기는 까닭을 알게 될지도 모른다. 이 주제에 관한 모두의 느낌과 욕구가 표현될 때까지 계속적으로 '돌아가며 반영해 주기'(I. 구성원들 간의 상호 소통 형식 참고, p.74)를 하고 난 다음에 문제의 해결책을 찾기 시작하는 것이 도움이 된다. 만약 그러한 논의 끝에 합의가 이루어졌다면, 그에 대한 각자의 느낌을 표현하고 그 합의를 통해 자신의 어떤 욕구가 충족되었는지를 말할 수 있는 또 한 번의 '돌아가며 반영해 주기' 순서를 가지는 것으로 끝낸다.

4. 실시간 상호작용 vs. 계획된 연습 활동: '분노를 온전히 표현하기'를 배우기 전에 분노하기, 그리고 구성에 대한 추가 제언

앞서 '연습모임 만들기'에서 언급했듯이 사람들이 모임에 올 때 그 기본적 이유는 같지만 NVC 연습모임의 어떤 면에 가치를 두느냐는 다를 수 있다. 어떤 사람은 실시간으로 일어나는 상호작용을 중시하는 반면, 역할극·예제·과제 등을 통한 연습에 중점을 두고 싶어 하는 사람도 있다. 우리 대부분은 다음 발언을 한 사람처럼 두 가지가 균형 있게 모두 포함되기를 원한다.

"때로는 체크인을 하는 동안에 사람들이 자신의 고통을 표현하는 걸 들으면 저는 조급해지고 혼란스러워요. 왜냐하면 공감하는 시간을 가지고 싶은 마음도 있지만, 체크인을 마치고 계획된 다른 연습 과제를 했으면 하는 마음도 있기 때문입니다."

이것이 항상 있는 문제라는 점을 모임 전체가 인정하는 것이 도움이 되며, NVC에 대한 구성원들의 이해가 깊어짐에 따라 그 문제에 다른 방식으로 대응할 수 있게 된다. 한 주에 한 장씩 공부를 할 때, 우리는 농담으로 이것을 "'분노를 온전히 표현하기'(책의 제10장)를 배우기 전에 분노하기"라고 부른다. NVC 프로세스(NVC의 두 부분과 네 요소)를 배울 때까지는 상황에 대한 구성원들 간의 상호작용을, 체크인과 같은 특정시간에만 하는 것으로 제한하는 것도 도움이 될지 모른다. 그러면 개인 의견, 과거 경험담, 이론, 개인적인 상황 등을 토로하기보다 NVC를 배우고 연습하는 데 더 많은 시간을 보낼 수 있을 것이다. 일단 8주차까지 NVC 기본 과정을 모두 공부하고 나서는 공감세션을 모임 구성에 포함시킬 수 있다. 그리고 구성원들이 NVC에 익숙해질수록 모임의 더 많은 부분이 그 순간에 일어나는 NVC 상호작용으로 채워질 것이다.

어느 모임에서든 조직적인 면을 중요하게 생각하는 사람이 있고, 좀 더 자유로운 흐름을 원하는 사람이 있다. 만일 내가 구조적인 것을 선호하는 사람이라면, 연습모임이 예정대로 진행되었을 때 그것이 얼마나 도움이 되고 즐거웠는지를 구체적으로 자주 표현하는 것

55
제3부_ 함께 연습하기

이 도움이 된다. 그와 마찬가지로, 덜 구조적인 것을 원하는 사람이
라면, 실시간으로 상호작용할 기회를 가졌을 때 그것이 자신에게 어
떻게 도움이 되었는지 구체적으로 알리려고 의식적으로 노력할 수
있을 것이다.

5. 모임이 동의한 사항 지키기

"우리는 매 연습모임 마지막에 피드백 시간을 갖기로 동의했지만,
여러 모임이 진행되는 동안 진행자가 피드백 시간을 제때 알려 준 것
은 딱 두 번뿐이어서 좀 실망스러워요. 저는 우리 모두가 동의한 대
로 진행되리라고 기대할 수 있었으면 하거든요."

만약 동의된 사항이 그대로 지켜지리라는 신뢰뿐 아니라 규칙적
인 피드백을 통해 배움과 연결을 얻는 것도 중요하다는 점이 명확하
다면, 이 욕구들에 관해서 모임 사람들에게 따로 말할 수 있다. 언제
나 그렇듯이, 말한 사람은 우선 자신의 욕구에 대해 이해를 받고 그
것이 받아들여졌음을 아는 것이 중요하다. 그런 다음 다른 사람들이
피드백의 부족에 대해서 각자가 느끼는 바를 표현할 수 있을 것이다.
그리고 이어서 서로 동의한 부분이 지켜지지 않은 문제를 같은 방법
으로 따로 논의할 수 있다. 이처럼, 모임 전체가 구체적인 수단/방법
이나 해결 방안을 찾아 나서기 전에 각각의 문제에 대해 모든 사람
의 느낌과 욕구를 먼저 듣도록 한다.

6. 우리가 기여하는 에너지만큼 다른 사람도 성의를 보이기를 원할 때

"저는 어떤 사람이 모임에 거의 4분의 3은 빠지고, 책의 내용을 읽지도, 과제를 하지도 않은 채 오는 걸 보면 좌절을 느낍니다. 왜냐하면 저는 좀 더 진지한 참여와 자기 몫을 다하는 성의를 보고 싶기 때문입니다. 저는 각자가 마음을 먹고 노력하면서 서로 지원하는 그런 모임에 속하기를 원합니다.(저는 또, 모임에 거의 참석하지도 않는 사람이 왜 계속 우리 모임에 속해 있어야 하는지 궁금합니다.)"

누군가가 반복적으로 결석하고 준비를 해 오지 않는 것을 보면, 우리는 확인을 해 보지 않은 채 그 사람은 관심이 부족하다고 판단해 버리기 쉽다. 다른 사람들의 참여 부족은 우리 안에서 낙담과 의구심, 좌절을 불러일으킨다. 특히 우리 자신이 약속을 지키려고 열심히 노력할 때에는 더욱 그렇다.(아마도 모임 안에서 자신이 가진 욕구를 모두 충족할 수 없기 때문일 것이다.) 그럴 때에는 사람들이 결석하는 이유가 그들의 욕구가 모임에서 충족되지 않기 때문인지(그로 인해 참여하고자 하는 열정이 부족해진 것인지), 아니면 다른 이유가 있는 것인지 시간을 내어 그들에게 알아보는 것이 도움이 된다. 예를 들자면, 우리는 그들로부터 다음과 같은 전혀 다른 대답을 듣게 될 수도 있다.

"비록 한 달에 한 번밖에 모임에 못 나오지만, 이 모임은 제게 큰 의미가 있습니다. 여기서 받는 지원과 배움은 정신없이 바쁜 제 생활 속에서 든든한 버팀목 역할을 합니다. 일을 마치고 긴 시간 운전해서 이곳에 도착하면 저는 완전히 기진맥진해서 기운이 별로 없습니다. 제 말이 좀 이상하게 들리겠지만, 그냥 이곳에 와서 가만히 평화와 연민을 느껴 보는 것만으로도 얼마나 감사한지 모르겠어요. 그리고 과제와 관련된 얘긴데요. 이렇게 말하려니 좀 뭣하지만, 저는 그다지 책을 좋아하는 사람이 아닙니다. 저는 책을 별로 읽지 않아요. 말하자면 책을 보는 건 제가 배우는 방법이 아니에요. 하지만 전 들은 건 거의 대부분 기억합니다. 그래서 여러분이 여기서 연습하는 걸 듣는 것만으로도 제겐 큰 도움이 됩니다. 모두가 참여하길 원하는 여러분의 마음을 저도 이해합니다. 저도 제 몫을 하고 싶습니다. 직장을 옮길 때까지는 모임에 매번 나올 순 없겠지만, 그 전에라도 제가 이 모임에 기여할 수 있는 방법을 알고 싶어요."

한편, 어떤 사람은 정말로 모임에 참석할 열의를 느끼지 못한다는 사실을 알게 될 수도 있다. 그럴 때에는 그것이 그 사람의 욕구—그동안 우리 모임에서 충족되지 못한 욕구, 다른 데에서 충족해야 할 욕구—에 관한 문제라는 사실을 곧바로 상기한다.

7. 모임을 '지배하는' 사람

"거의 매주 같은 두 사람이 다른 사람들보다 더 많이 이야기하는 것을 보게 됩니다. 다른 분이 막 이야기를 시작했는데 그 두 분이 목소리를 더 높여서 큰 소리로 이야기하는 걸 들을 때도 있습니다. 저는 모두가 골고루 이야기하고 이해받을 수 있는 기회를 가졌으면 해서 좀 실망스럽습니다. 또, 저는 모든 사람으로부터 배우고 싶기도 하고요."

우리가 듣고 싶은 것보다 훨씬 더 많은 말을 하는 사람들을 경험할 때가 있다. 상호성과 연결에 대한 욕구를 충족할 수 없다는 좌절감과 무기력 속에서, 우리는 그런 사람들에게 '오만한' '무감각한' '피곤한' 사람이라는 꼬리표를 붙이게 된다. 마셜의 책 제8장 '공감의 힘'에, 듣는 척하는 대신에 상대의 말을 효과적으로 중단시키는 방법에 관한 내용이 있다.

연습모임에서는 아무리 재미있는 이야기라 하더라도 한 사람이 눈에 띄게 많은 시간을 쓰는 것에 대해 마음이 불편할 수 있다. 모두에게 기회가 골고루 돌아가는 것을 우리가 그만큼 중요하게 생각하기 때문이다. '이야기를 너무 많이' 하는 것으로 보이는 사람이 자신의 행동이 그렇다는 사실을 반드시 자각하는 것은 아니기 때문에, 그런 일이 일어날 때 분명한 형태의 피드백, 우리가 불편함을 느끼기 시작하여 다른 사람에게 말할 기회를 넘겨주기를 원할 때 손을 드는 것과 같은 피드백을 주면 고맙게 생각할 수도 있다. 우리는 또한 돌아가면서 나누는 라운드 방식이나 토킹 스틱의 사용(I. 구성원들 간의 상호 소통 형식 참조, p.74)을 통해 모임이 좀 더 균형적으로 이루어지도록 할 수 있다. 아니면, 모두가 같은 수의 동전을 가지고 시작해서 발언을 할 때마다 동전을 하나씩 내놓는 토킹 토큰 게임을 실험적으로 사용해 볼 수도 있다.

8. 연결을 방해하는 장애물: NVC 하기(Doing NVC)

"사람들이 이따금 앵무새처럼 NVC를 하는 걸 볼 때 저는 짜증이 나요. 저는 정확하게 하는 것보다 진정한 연결을 원하기 때문이에요."

누군가가 하는 말이 NVC를 형식적으로 적용하는 데 그치는 것처럼 들릴 때에는 우리의 내면에서 생동하는 NVC 의식과 연결하는 것을 기억하면 좋다. 짜증이나 성가심 같은 모든 형태의 분노의 원인은 '해야만 한다는 생각'에 있다는 점을 다시 한 번 기억하자. 그러한 생각 자체가 잘못되었다는 것은 아니다. 다만 그런 생각을 느낌과 욕구로 바꾸어 볼 수 있을 때, 우리가 원하는 진정한 연결을 경험할 가능성이 훨씬 커진다는 것이다.

"당신이 앵무새처럼 NVC를 하기 때문에 저는 짜증이 나요."라고 말할 때처럼 다른 사람의 행동이 우리 느낌의 원인이라고 믿게 되면 우리는 짜증과 갈등에 빠지게 된다. 이때 그런 짜증이 혹시 진정한 연결이란 '이런 것이어야만 한다'는 생각에서 나온 것은 아닌지 검토해 보면 도움이 될 것이다. 잠시 시간을 내서 천천히 심호흡을 하든가 해서 자신의 중심으로 되돌아온다. 시간을 가지고 내 안의 깊은 곳에서 일어나는 일을 좀 더 분명히 알아차릴 수 있을 때, 상대방의 진정한 연결에 대한 생각을 더 열린 마음으로 들을 수 있게 된다. 앵무새처럼 말하던 상대방도, 진정성 있는 연결을 소중히 여기면서 그것을 이루는 가장 좋은 방법을 NVC 형식에서 찾고 있는 것일 수 있다.

만일 '형식적인 공감'을 받고 있다는 생각으로 고통스럽다면, 다음과 같이 그것을 표현할 수 있을 것이다. "제 상황에 공감해 주려고 의식적으로 애쓰시는 것을 알겠습니다. 그런데 제가 지금 이 순간에 온전히 머물러 있기가 어려워요. 우리 사이에 좀 더 깊은 진정한 연결을 느끼고 싶어서요. 그러니 방금 하신 말씀을 달리 표현하는 방법을 저와 함께 찾아봐 주실 수 있을까요? 제가 지금 정말로 듣고 싶은 말은 '_____?'입니다." 또는, 상대방에게 지금 이 순간 내면에서 일어나는 일을 솔직히 표현해 달라고, 명확하고 실행 가능한 형태로 부탁해 볼 수도 있다. 시간을 가지고 천천히 하자. 당신의 말과 행동이 당신이 원하는 에너지에서 나오도록 하고, 또 상대방도 기꺼이, 그리고 결과에 대한 두려움 없이 가슴에서 우러나와 반응하기를 바라는 당신의 바람을 기억하자.

NVC를 연습하는 사람들은 가끔 확신이 없을 때에, NVC 단계가 가슴에 한발 한발 다가갈 수 있는 길을 보여 주는 글자 그대로 '로드맵' 역할을 한다고 말한다. NVC를 연습하는 사람들이 보이는 '서투름'에 초점을 맞추기보다 그들의 의도에 귀 기울일 때, 우리는 모두가 연결하고 싶다는 똑같은 의도와 욕구를 가지고 있음을 알게 될 것이다.

9. '좋은 그러나 지루한' 모임들

"전 우리 연습모임이 좋기는 한데 좀 지루하다는 점이 실망스러워요. 진정한 연결을 원하는 제 욕구가 충족되지 않거든요."

모임의 친밀함과 진정성을 한층 깊게 할 수 있는 '진정한' 무엇인가를 나누기 위해서는 단 한 사람만으로 충분할 때가 있다. 만약 우리가 기꺼이 그 한 사람이 되기를 원한다면, 먼저 자신의 그러한 욕구를 표현한 다음 다른 구성원들에게 우리가 과감히 나누고자 하는 어떤 것을 받아들일 의사가 있는지, 그럴 의사가 있다면 언제 어떻게 듣고 싶은지에 대한 피드백을 요청한다.

아니면, 그 주제(지루한 모임)를 놓고 대화를 시작해 볼 수도 있다. "지난 4개월간 우리 모임에 대하여 생각할 때 저는 우리가 가슴 깊은 곳에서 느낄 만한 문제들을 다루지 못한 것 같아 때때로 실망스럽습니다. 저는 우리의 연결이 보다 깊고 진정성이 있었으면 좋겠습니다. 이에 대해 다른 분들의 경험은 어떤 것이었는지 들어 볼 수 있을까요?" 어떤 두려움 때문에 구성원들이 더 솔직하게 나누지 못하는지, 특히 그 두려움 뒤에 있는 욕구가 무엇인지 탐색해 본다. 새로 나타난 다른 욕구들과 진정성의 욕구를 충족하기 위해 모임을 어떻게 바꿀지를 결정하기 전에, 먼저 서로 충분히 공감할 시간을 가진다.

10. 외톨이

"한 사람이 나머지 사람들 모두가 원하는 것을 할 의향이 없고 또 반드시 어떤 한 가지 방법으로만 연습하겠다고 할 때 저는 걱정이 됩니다. 왜냐하면 서로 협조하고 모임의 다수가 원하는 바에 대해 좀 더 배려하는 것이 제게는 중요하기 때문입니다. 그리고 그 사람이 원하는 것을 다루느라 얼마나 많은 시간과 에너지를 우리 모임이 들이고 있는지를 생각하면 정말 화가 납니다. 저는 우리가 모여서 책에 나와 있는 내용을 공부하는 데 시간을 쓰고 또 좀 더 재미있고 조화로운 분위기를 즐겼으면 하기 때문입니다."

연습모임에서는 모든 사람의 욕구가 충족되는 것을 중요하게 여기기 때문에, 이런 상황을 특히 고통스럽게 여기는 사람이 모임 안에 한두 명은 있다. 어떤 사람들은 우리가 스스로 '다수의 횡포'나 '낙인찍기' 같은 행동을 범하는 것은 아닌지 두려워한다. 그래서 우리는 '모임 전체가 한 사람의 뜻에 굽힐 것인가, 아니면 내키지는 않지만 다수결의 원칙을 주장할 것인가.'라는 딜레마 속에서 우울과 절망, 좌절을 경험하게 된다.

이 대목에서 우리는 심호흡을 한 번 깊게 한 다음, 욕구와 그 욕구를 충족시키는 구체적인 수단/방법 사이의 차이를 되새겨 볼 필요가 있다.(NVC에서 말하는 욕구와 부탁의 차이를 복습한다. 부탁은 우리가 욕구를 충족해 주리라고 기대하는 수단/방법으로 구성되어 있다.) 문제 해결을 위한 노력은 잠시 접어놓고 모임 안에서 공감과 연결을 형성하는 데 초점을 둘 수 있을까? 그리고 가슴들이 연결될 때 해결 방법이 나타나리라는 믿음을 가질 수 있을까? 진정한 연결을 바란다면, 딜레마에서 벗어날 길이 없어 보일 때 우리가 얼마나 좌절했는지, 우리가 모두를 수용하고 서로 존중하는 것에 얼마나 큰 가치를 두고 있는지, 모든 사람의 욕구를 보살피기 위해 우리가 얼마나 마음을 쓰고 있는지 등을 함께 나눌 필요가 있다. 그런 다음 자신의 입장이 '문제'가 되었던 그 사람에게 그의 느낌과 욕구를 표현하도록 요청한다.

우리가 이러한 분열 때문에 생긴 고통에 대해 서로 공감해 줄 수 있다면, 우리는 그렇게 해서 생긴 연결과 연민을 가지고 다시 문제로 돌아가 의논해 볼 준비가 될 것이다. 그래서 우리는 무언가 새로운 방법을 시도해 보기로 동의할 수도 있고, 또는 그 한 사람이 다른 모임에 합류해 공부하는 것이 모두가 가진 배움의 욕구를 충족할 수 있는 가장 좋은 방법이라는 데에 서로 동의할 수도 있다.(아래에 있는 '누군가가 떠나거나 모임이 해체될 때' 참고) 우리는 서로 연결을 끊지 않으면서, 또 마음을 닫지 않으면서 헤어지는 것이 가능하다는 사실을 알게 될 것이다.

11. 누군가가 떠나거나 모임이 해체될 때

구성원 중 한 사람이 모임을 떠나거나 모임 자체가 완전히 해체될 때, 대개는 모두가 그 사실을 실패로 보고 자신과 다른 사람을 비난하면서 고통을 느낀다. 따라서 이때야말로 NVC가 특히 절실한 순간이다. 특정한 형태로 맺어진 관계를 어떻게 끝낼 것인지 우리가 의식적으로 선택할 수 있다는 사실을 기억하면 도움이 될 터이다. 우리가 서로의 차이점과 아픔, 그리고 충족되지 않은 욕구들을 솔직히 인정하고 진실로 서로를 공감하는 데 충분한 시간을 들일 수 있다면, 또 함께 보낸 시간 동안 서로에게 느꼈던 감사한 마음을 표현할 수 있다면 우리는 헤어짐도 축하할 수 있을 것이다. 우리는 실망을 애도하면서, 다른 길을 선택해 나가는 상대에게 여전히 진심으로 행운을 빌어줄 수 있다. 우리가 해야 할 일은 각자가 배움과 공동체에 대한 욕구를 충족하기 위해 다른 방법을 선택해 찾아갈 때에도 서로에게 열린 마음을 유지하는 것이다.

12. 여러 수준의 참가자들

NVC를 처음 접한 사람들과 좀 더 경험을 쌓은 사람들을 모두 포함하는 연습모임에서는 구성원들의 여러 수준으로 인해 긴장이 생길 수 있다는 점을 인정하는 것이 도움이 된다. 경험이 많은 구성원은 NVC가 가진 상호작용의 아름다움과 힘을 보아 왔고, 또 그것을 통해 많은 영감을 얻었을 것이다. 그들은 자신의 경험을 통해 분석, 진단, 칭찬, 동정, 자기 이야기 하기 같은 일반적인 사회적 행동이 가진 함정을 잘 알고 있을 것이다. 그래서 그들은 NVC의 원칙과 이해가 반영된 방식으로 NVC를 배우고 연습하기를 원하기 때문에 모임에서 그런 행동이 나타나는 것을 보면 염려스럽고 좌절을 느낄지 모른다. 또, 모임에서 제안을 하면서 아직 NVC의 효과를 경험해 보지 못한 사람들이 듣고 이해하고 고마워할 만한 방식으로 전할 수 없을 때 한 번 더 좌절을 느끼게 된다. 자신의 제안이 실제로 모임 안에서, 특히 그날의 모임을 이끌기 위해 애쓰고 있는 진행자에게 불안과 거부감을 불러일으키는 것을 볼 수도 있다.

구성원의 수준이 다양한 모임에서는 적어도 제8장에 나오는 과제까지는 그들 중에서 NVC에 가장 능숙한 사람에게 모임을 이끌도록 요청하는 것이 도움이 된다.(그때가 되면 대체로 모든 참가자들이 NVC의 기초 과정을 익히게 된다.) 그들은 다른 사람들이 이해하고 받아들일 가능성이 가장 큰 방법으로 자신의 NVC 기술을 적용하여 모임에 기여할 기회를 가지게 될 것이다.

다음에 나오는 두 편의 대화는 NVC를 오랫동안 연습해 온 사람이 NVC를 처음 접하는 사람들과 만나는 상황을 다루고 있다. 첫 번째 대화는 NVC 숙련자인 A와 그의 친구 사이의 대화이다. 친구는 같은 연습모임에 속해 있지 않지만, 그 또한 NVC를 오랫동안 해 온 사람이다. 두 번째 대화는 A와 NVC를 거의 처음 접한 사람이 연습모임에서 나누는 대화이다.

A   오늘 우리 연습모임에서 좌절감을 좀 느낄 때가 많았어……

친구 아, 새로 NVC를 배우는 사람들하고 일이야?

A   맞아. 지금까지 두세 번쯤 내가 뭔가를 보고 말했어. "그걸 NVC

로 표현하고 싶으시다면, 이렇게 말해 보세요." 그런데 내가 들은 대답은, "아니요, 저한테 그렇게 말하지 마세요. 당신은 그런 방식으로 하세요. 하지만 전 이 방식으로 하고 싶어요."였어.

친구 음, 네가 어지간히 좌절감을 느끼는 것을 알겠다. 왜냐하면…….

A 맞아! 난 2년 동안 공부하고 연습하면서 그 사이 실수도 많이 했지. 그래서 지금은 시작했을 때보다 조금은 더 많은 이해와 통찰이 생겼다고 생각해. 그래서 나는 그걸 사람들과 나누고 싶어. NVC가 처음인 사람들이 대부분인 연습모임에서 내가 배운 것을 말해 주고 싶은 거야.

친구 그래, 그런 식으로 기여하고 싶은 네 욕구가 충족되지 않아서 슬프니?

A 음…… 그래, 좀 슬퍼. 또 화도 좀 나.

친구 화가 나? 네가 도와주려고 할 때 그런 식으로 반응해서?

A 응. 내가 화가 좀 나 있다는 걸 알겠어. 그건 내 머릿속에서 어떤 오래된 '해야만 한다'라는 생각이 돌아가고 있다는 의미겠지.

친구 그 '해야만 한다는 생각'을 좀 더 풀어 보는 건 어떻겠니?

A 그래, 좋아. '해야만 한다는 생각'…… 어디 보자, 난 이렇게 생각하고 있는 것 같아. '그들은 내 말을 들어야만 해. 그들은 날 믿어야만 해. 그들은 내 의도를 볼 수 있어야 하고, 내가 하는 말이 자신들에게 도움이 된다는 것을 알아야만 해.'

친구 음…… 그런 '해야만 한다는 생각'을 욕구로 바꾸어 보면…….

A (잠시 침묵 후에) 음…… 기여하고 싶은 것, 아마도 신뢰받는 것, 그리고 더 잘 이해받는 것.(긴 침묵이 이어진다.)

친구 아직도 화가 나 있니?

A 음…… 아니. 내 느낌은…… 마음이 아픈 것 같아.

친구 네 의도가 있는 그대로 받아들여지고 이해받기를 원하기 때문에 마음이 아프니? 그리고 네 제안이 받아들여지기를 바랐기 때문에?

A 맞아. 바로 그거야. 난 내가 받아들여지기를 원했어. 신뢰를 얻고 감사도 받고 싶었고…….
(A가 자기 내면의 느낌에 머무르는 동안 침묵이 흐른다.)

친구 또, 좀 실망스럽게 느껴지진 않니? 좀 더 잘 이해받을 수 있는 방식으로 네 의도를 전달할 수 있기를 바라기 때문에?

A 그래. 나 자신에게 실망했어. 난 이 NVC라는 언어를 좀 더 효과적이고 능숙하게 말하고 싶어. 2년을 배웠으니까 잘 이해받을 수 있는 방법으로 내 의도를 표현할 수 있다는 확신을 가질 수 있었으면 좋겠어.

친구 글쎄. 넌 벌써 그렇게 하고 있잖아. 난 네 말의 의미를 알 수 있어.

A 그래. 너는 이해했겠지.

친구 그렇다면 새로 온 친구들에게도 같은 식으로 해 볼 수 있지 않을까? 지금 저쪽에 네 연습모임 친구 한 사람이 오고 있는 게 보이는데.

A 아이고!

친구 '아이고!'라고? 그걸 NVC로 바꾸어 보면, '난 좀 두렵다. 난 지금보다 좀 더 자신감을 갖고 싶다. 그리고 나 자신에 대한 부탁은 지금 바로 부딪쳐 보는 것이다.' 뭐, 이런 게 아닐까?

A 어…… 좋아. 자, 간다.

A와 모임에 새로 나온 사람의 대화

A 안녕하세요? 그동안 이야기를 나누어 보고 싶었어요. 연습모임에서 두어 번 제가 "그것을 NVC로 말하려면 이렇게 해 보는 게 어떻겠어요?"라고 제안했을 때 그에 대해 "아니요. 전 그런 방식으로 하고 싶지 않아요." "당신이 말하는 것이 맞는지 알 수 없어요."라고 말씀하시는 것을 들었습니다.

새로 나온 사람 맞아요. 당신이 우리에게 이래라 저래라 할 때에는 정말 거슬려요. 혼자만 올바른 방법을 아는 사람처럼 말하니까요. 좋아요. 당신은 2년 동안 공부를 해 왔어요. 하지만 그게 우리 모두가 아무것도 모른다는 걸 의미하지는 않아요. 제 말은, 우리 중에도 많은 사람이 연민과 소통을 연습해 왔다는 거예요. 그리고…… 맞아요. 당신은 당신대로 알고 있는 것이 있겠지만 다른 사람들은 또 다른 사람대로 알고 있는 것들이 있어요.

A 그러니까, 제가 좀 다른 식으로 이야기했으면 해서 불편하셨어요? 그동안 배우셨던 것, 알고 계신 것, 또 노력하시는 것에 대해 존중하는 방식으로요?

새로 나온 사람 네, 맞아요. 저로서도 지금 최선을 다하고 있거든요. 그런데 누군가가 끼어들어서 나에게 이렇게 해라 저렇게 해라 하면 정말 화가 나요. 저도 물론 NVC를 배우고 싶어요. 그래서 연습모임에 나오는 거고요. 저보다 경험이 많은 사람들로부터 도움도 얻고 싶습니다. 하지만 넌 틀렸고 내 말이 맞으니 이제 이렇게 해, 이젠 저렇게 해!, 하는 소리는 정말 듣고 싶지 않아요.

A 그렇군요. 선택할 수 있기를 정말 원하시는군요. 말하자면 여기 다른 방식이 있을 수도 있어서 선택할 수 있는 기회를 원하시는군요. 그리고 하신 선택을 존중해 주었으면 하는 바람도 있으시겠고요. 그러니까, "여기 정답이 있어, 그러니까 이렇게 해."라고 말하는 것과 다른 것 말입니다.

새로 나온 사람 바로 그거예요. 감사합니다. 정말 고마워요. 이제 알겠어요. 저는 당신의 말을 강요로 받아들였어요. 이렇게 들은 거죠. '이게 올바른 방식이야. 그러니 이 방식대로 하지 않는다면 당신은 바보 멍청이고 고집쟁이야. 그리고 더 나아가서 그건 나를 무시하는 것이고 무례한 것이야.'라고 들었네요.

A 아! 제 말에 그렇게 해야 한다고 강요하려는 의도가 전혀 없었다는 신뢰가 정말로 필요하셨군요……. 당신의 배우는 방식이나 그 순간의 필요에 따라 제가 하는 조언을 받아들일지 말지 선택할 수 있다는 것을 제가 존중하는 방식으로 말씀드리는 것 말입니다.

새로 나온 사람 바로 그거예요. 만약 제가 당신이 한 말을 도움을 주고자 하는 마음에서 나온 것이라고 믿을 수 있다면 아마도 그 제안에 훨씬 수용적이 될 겁니다……. 그리고 어떤 것들에 대해선 정말 고맙게 느끼기까지 했을 거예요.

A 음, 저도 정말 그렇게 되길 원해요. 사실 그게 바로 제가 이 이야기를 시작한 이유예요.

새로 나온 사람 맞아요. 정말 인정받고 받아들여질 수 있는 방법으로 즐겁게 기여하고 싶으셨기 때문에 분명히 언짢으셨을 거라고 믿었어요. 어때요, NVC 초보자가 공감을 좀 해 드려도 괜찮을까요?

A 물론입니다. 좋습니다. 아…… 저…… 제가 NVC로 공감하는 방법에 대해 코치를 좀 해도 괜찮을까요?

H. 갈등 수용하기: 기억해 둘 점

1. 천천히 또 천천히 한다.

2. 지금 이 순간의 느낌과 욕구에 기반을 둔다.

2초 전 어떤 사람이 하는 말을 들으면서 당신은 화가 났을지 모른다. 그러나 이 순간 입을 열고 말하는 지금은 두려움을 느낀다.

3. 공감과 연결에 초점을 둔다.

4. 도움을 요청한다.

예를 들자면, "제가 관찰한 것을 명확한 형태로 표현할 수 있도록 도와주시겠어요?"

5. 모두가 자신의 느낌과 욕구를 이해받았다고 확인할 때까지 계속 공감한다.

6. 오직 그렇게 한 다음에만 해결 방법을 찾는다.

"앞으로는 어떻게 다르게 할 수 있을까요? 저 자신이나 다른 누군가가 행동을 바꾸는 것이 필요한가요?"

7. 우리가 이룬 평화를 축하한다.

우리의 의도, 용기, 참을성, 끈기, 연민, 그리고 노력을 인정하고 감사한다. 그리고 지금 이 순간 세상에서 일어나고 있는 일들과, 우리가 이 공부를 하는 이유를 우리 자신에게 환기시킨다.

I. 구성원들 간의 상호 소통 형식

대화에 참여하는 사람들의 수가 늘어날수록 그들 사이에 연결이 끊어질 가능성도 그만큼 커진다. 진행자 역할을 돌아가며 할 때 대화가 자연스럽게 이루어지는 모임을 위한 유일한 가이드라인은, 각자가 자신의 욕구와 가치(도덕적 판단에서 벗어난)를 항상 인식하고 그것을 충족시킬 책임을 스스로 지는 것이다. 물론 이들 욕구 속에는 이해나 명료함, 연결 등을 이루기 위해 공감을 주고받는 것이 포함된다.

부록7은 NVC 프로세스를 나타내는 표로서, NVC의 두 부분과 네가지 요소라는 관점에서 우리의 상호작용을 짚어 보는 도구로 이용할 수 있다. 다음의 여러 가지 소통 형식은 모임에서 다양한 방법을 실험해 보려는 사람들을 위한 것이다.

1. 돌아가며 말하기

돌아가며 말하기는 한 사람 한 사람이 차례로 모임 전체의 주목을 받을 수 있게 해 준다. 한 방향으로 한 사람씩 순서대로 돌아가면서 말하고, 끝나면 끝났다는 표시를 한다. 듣는 사람들은 말하는 사람에게 직접적인 반응을 하지 않는다. 그러나 물론 자기 차례가 왔을 때 이전 사람들이 한 말에 대해 자유롭게 언급할 수 있다. 말하는 사람은 말이 끝나면 다음 사람에게 차례를 넘긴다는 표시를 한다. 차례가 왔을 때 누구나 아무 말 없이 패스할 수 있으며, 때로는 차례를 넘기기 전에 모임 전체로부터 침묵으로 공감받기를 선택할 수도 있다.

돌아가며 말하기를 시작하기 전에 다음 사항들에 대해 구체적으로 논의하는 것이 좋다.

- 돌아가며 말하기에 사용할 시간
- 한 사람이 쓸 수 있는 시간, 시간이 다 되었음을 알려 주는 방법 과 사람
- 주제: 가령 오늘 나에게 의미 있었던 일, 모임에 대한 나의 비전, NVC와 관련된 경험이나 통찰, 교사로서 나의 도전 등
- 말이 끝났음을 알리는 말이나 행동
- 한 번만 돌 것인지, 아니면 모든 사람이 패스하거나 더 이상 할 말이 없을 때까지 계속할 것인지

2. 서로 반영하며 말하기

돌아가며 말하기의 한 변형으로, 자기 차례가 왔을 때 바로 앞 사람이 한 말을 그 사람이 만족할 만큼 그대로 반영해 주는 것이다. 충분히 이해받지 못했다고 생각되면, 앞서 말한 사람은 하고 싶은 말을 좀 더 명확히, 또는 되풀이해서 말할 수 있다. 그러나 이때의 목적은 명료히 하려는 것이지 이미 한 말에 부연을 하자는 것이 아니다. 이 방식은 모든 사람의 욕구가 충분히 이해받을 수 있도록 모임 진행을 천천히 하는 데 도움이 된다.

3. 토킹 스틱(Talking Stick)

모임의 의도를 상징하는 물건(토킹 스틱)을 구성원들이 둘러앉은 방 가운데에 놓는다. 말하고 싶은 사람은 토킹 스틱을 집고 발언 기회를 얻는다. 말하는 사람은 자신의 욕구를 충족하기 위한 부탁을 누

구에게나 할 수 있다. 다른 사람들이 자신의 부탁에 응하는 동안 말하는 사람은 토킹 스틱을 계속 들고 있는다. 토킹 스틱을 계속해서 들고 있는 것은 지금 진행되는 일이 말하는 사람의 요청 사항이라는 점을 모두에게 상기시키기 위해서다. 이야기가 끝나면, 토킹 스틱을 제자리에 돌려 놓는다. 다시 집으려면, 다른 사람들 모두에게 말할 차례가 돌아갈 때까지 기다려야 한다.

4. 교통정리원 또는 진행자

모임의 교통정리나 진행을 원활히 하기 위해 한 사람이나 여러 명이 차례를 정해 아래 일들을 맡는다.

- 말할 차례 정해 주기
- 말하는 사람의 이야기를 NVC 언어로 반복해 주거나 특정한 사람에게 지금 들은 말을 바꾸어 말해 달라고 부탁하기(모임 내에서 서로의 느낌, 욕구, 그리고 명확한 부탁을 들을 수 있는 능력을 키우기 위해)
- 토의의 흐름 유도하기, 개입하기, 특정인에게 특정한 반응 요청하기
- 토의 내용의 일관성이나 집중을 위하여 요점, 결정 사항, 방향 등을 분명하게 정리하여 말하기

5. 반영하며 자유롭게 진행하기

자유롭게 상호작용이 이루어질 때에는 말하는 순서가 없다. 각자가 자신들의 욕구가 떠오르는 대로 적절하게 다룰 수 있고 또 기꺼이 그렇게 하리라는 믿음이 있다. 그러나 앞서 나온 '서로 반영하며

말하기'에서와 같이, 이때도 각자 말하기 전에 먼저 바로 앞 사람의 말을 그가 만족할 만큼 반영하여 말해 준다. 그러면 다음 사람으로 넘어가기 전에 모임 구성원들이 충분한 시간을 가지고 먼저 발언한 사람의 말을 주의 깊게 듣고 받아들일 수 있게 된다.

반영해 주는 말들이 만족스럽지 못하다면, 말한 사람은 자기가 한 말의 의미를 명확하게 할 수 있다. 그러나 그 의도는 처음에 한 말을 부연하는 데 있다기보다는 명확하게 하는 데 있다. 말한 사람과 그 말을 반영한 사람 사이에 말이 오고 가면 수렁에 빠질 수 있다. 따라서 만약 몇 차례 시도한 후에도 말한 사람이 여전히 만족하지 않으면, 반영한 사람은 다른 사람에게 대신해 보도록 요청할 수 있다. 말한 사람이 마침내 만족했을 때, 순서는 다시 원래 말하기로 했던 사람에게 돌아간다.

참고

모임에서 명확하게 요청하기

모임의 소통 방식이 어떠하든, 말하는 사람이 자신의 의도를 잘 알고 모임을 상대로 그것을 명확한 현재형으로 요청할 수 있다면 모임의 진행 효율이 크게 향상될 것이다. NVC는 말하는 사람이 모임에서 자신의 부탁을 분명하게 표현하는 것을 돕기 위해서 다음과 같은 것들을 제안한다.

● 특정인을 거명함으로써 누구에게 대답을 듣고 싶은지 분명히 한다.

예: 인호 씨가 제게 _____에 관해 말씀해 주셨으면 합니다.

예: 관심 있으신 분은 누구든 제게 _____에 관해 말씀해 주시기 바랍니다.

예: 여러분 중 두(셋, 넷 등) 분이 제게 _____에 관해 말씀해 주시기 바랍니다.

● 부탁하고 싶은 행동을 명확히 한다.

예: 인호 씨와 예나 씨가 _____에 관해 말씀해 주시기 바랍니다.(그들에게 원하는 정보를 명확히 한다.)

예: 여기 계신 모든 분들께 부탁드립니다.(반응을 부탁하고자 하는 사람을 구체적으로 지칭한다.) 우리 모임을 오후 5시에 마치는 것에 동의하신다면(확인하고 싶은 점을 구체적으로 말한다) 손을 들어 주시겠어요?(구체적인 행동을 표시한다.)

여러 사람들에게 순서에 따라 대답해 달라고 부탁할 때에는 그 순서를 명확히 하는 것이 도움이 된다.

예: 여러분 각자에게 이곳에 오신 이유를 듣고 싶습니다. 제 왼쪽에 계신 분부터 시작해서 시계 방향으로 돌아가면 좋겠습니다.

● 자신의 부탁이 만족스럽게 충족되어 다른 사람에게 차례를 넘길 준비가 되었을 때에는 명확하게 의사 표시를 한다.

예: 저는 끝났습니다.

J. 공감세션을 위한 제언

'공감세션'에서 한 멤버는 자신에게 의미가 있는 실제 상황에 대해 그 순간에 진지한 공감을 받을 수 있게 되고, 그와 동시에 나머지 사람들은 연습 활동 동안에 하는 역할을 명확히 알게 된다. 공감세션을 구성할 때 다음 가이드라인을 고려하기 바란다. 달과 해가 지나면서 연습모임이 성숙해지면 이전에 세운 상대적으로 엄격한 가이드라인이 자연스러운 흐름에 점점 자리를 내주는 것을 보게 될 것이다.

시작하기 전에 가슴으로 다시 연결되기 위한 시간을 잠시 가진다. 천천히 마음을 가라앉히고 다시 그 순간에 온전히 존재한다. 한 가지 방법은 멈추어 심호흡을 하고 우리가 기르려는 에너지를 의식적으로 떠올려 보는 것이다. 음악이나 잠깐의 침묵, 그리고 한 멤버가 이끄는 이미지 명상 등이 우리 자신을 포함한 관련된 모든 이들에 대한 존중을 보여 주는 공감, 연민, 명료함, 부탁 들로 공감세션에 참여하려는 우리의 의도를 상기하는 데 도움이 된다. 이 시간은 우리가 무언가를 준비하는 데 집중하려 할 때 전체적인 분위기를 잡아 주고, 우리가 가슴의 에너지에 기반을 둘 수 있게 도와준다.

1. 공감세션의 시간을 결정한다. 예를 들자면, 공감을 하는 데 15분을 쓰고, 그 뒤 5분은 피드백을 받는 데 쓸 수 있다.

2. 오늘 모임에서 공감세션을 몇 번 할 것인지 결정한다. 세션의 수보다

공감을 원하는 사람이 더 많을 경우, 원하는 사람들이 모두 공감을 받을 수 있도록 추가적인 공감세션을 언제 진행할지 결정한다.

3. 누가 먼저 공감을 받을지 결정한다. 대개 고통스러운 상황에서 절박함을 느끼는 사람이 자원하여 나선다. 그렇지 않으면 아직 공감받을 기회를 가지지 못한 사람부터 시작할 수도 있다.

4. 말하는 사람에게 다른 구성원과 관계되지 않은 상황, 그리고 참석자들에게 가장 자극이 덜할 만한 상황을 다루도록 권한다.

5. 말하는 사람에게 할당된 시간을 충분히 다 쓸 수 있다는 사실을 확인시켜 준다. 또, 듣는 사람 중에 누군가가 중간에 끼어든다면, 그 의도는 발언권을 가져가려는 것이 아니라 들은 말을 반영해 주거나 발언자가 한 말이 제대로 받아들여졌음을 확인해 주려는 것이라는 점을 분명히 한다.

6. 말하는 사람은 가끔 잠시 멈추고서 듣는 사람에게 자신의 느낌과 욕구를 반영해 줄 수 있는 기회를 주기 바란다. 마셜 로젠버그는 한 번 말할 때 40단어를 넘기지 말라고 제안한다! 우리 대부분은, 특히 고통 속에서 말할 때에는 40단어를 금세 넘겨 버리기 때문에, 만약 듣는 사람이 우리 말을 충분히 이해하며 들어 주기를 바란다면, 더 작은 덩어리들로 나누어 말하는 것이 도움이 된다.

7. 말하는 사람은 NVC로 말할 수도 있고, 아니면 자기 말을 NVC로 바꾸어 듣는 것은 듣는 사람의 몫이라는 믿음을 가지고 평소의 습관대로 말할 수도 있다. 공감세션의 가장 중요한 목적은 깊이 있게 듣는 것과 공감을 말로 표현하는 것을 연습할 수 있는 기회를 주는 데 있다. 그러므로 말하는 사람에게 NVC로 말하도록 권할 필요는 없다. 이 활동에서 듣는 사람의 역할은 귀 기울여 듣는 것이지, 말하는 사람이 NVC로 표현하도록 코치하는 것이 아니다.

8. 누가 시간지킴이를 할지 결정한다.

9. 공감과 들은 말을 되풀이해서 반영해 주는 역할을 한 사람이 할 것인지, 아니면 구성원 전체가 참여하여 돌아가면서 할 것인지 결정한다. 구성원 전체가 한다는 것은 모든 사람이 동등하게 능동적으로 참여한다는 것을 의미한다. 그렇게 하면 말하는 사람이 충분히 이해받을 수 있는 기회가 늘어난다. 하지만 이 경우 공감을 받는 사람의 주의가 산만해질 수도 있다. 왜냐하면, 여러 사람이 돌아가며 공감을 표현하면 자연스러운 흐름을 유지하기가 어렵기 때문이다. 한 가지 대안은, 주요 공감자를 한 명 정해 두고, 말하는 사람이 잠시 멈출 때마다 공감자가 직접 공감을 할지 아니면 모임으로 넘길지 선택할 수 있도록 하는 것이다. 주요 공감자의 이러한 개입은 더 많은 사람의 참여를 이끌어 냄과 동시에 과정 전체가 더 유연하게 흘러가도록 하는 효과가 있다.

<u>참고</u>

한 사람 이상이 말하는 사람에게 공감을 할 경우, 공감하는 사람들 사이에 말하는 사람의 느낌과 욕구를 더 정확하게 추측하려는 경쟁적인 분위기가 생길 수 있다. 그럴 때 우리는 공감이란 정확성에 관한 것이 아니라 관심의 깊이에 관한 것이라는 사실을 상기할 필요가 있다.

10. 시간지킴이는 말하는 사람이 집중할 수 있도록 30초 정도의 침묵으로 세션을 시작한다. 듣는 사람들은 이 침묵의 시간을 지금이 순간에 존재하면서 자신의 존재 전체로 듣고자 하는 의도와 연결하는 데 사용한다.

11. 듣는 사람은 말하는 사람의 말 뒤에 있는 느낌과 욕구에 주의하면서 그 사람과 그가 하는 말에 온전히 집중한다. 듣는 사람의 목적은 온전히 현재에 존재하는 것이지, 말하는 사람의 느낌과 욕구를 '알아내'거나 그것을 '제대로 하는 것'이 아니다.

12. 말하는 사람이 잠시 멈출 때 듣는 사람은 말로 공감한다. 듣는 사람은 자신이 들은 것을 반영하기 위해서, 특히 한꺼번에 너무 많은 말을 들었거나 말하는 사람의 뜻이 분명하지 않을 경우, 중간에 끼어들 수 있다.

13. 듣는 사람은 말하는 사람이 한 말을 관찰, 느낌, 욕구, 부탁으로

바꾸어 들으면서 말로 공감한다.(84쪽 '참고' 참조) 이때 단정적으로 말하기보다는 다음과 같이 물어보는 방식으로 반영한다. "이것이 당신의 관찰, 느낌, 그리고 욕구입니까?"(말하는 사람은 항상 자신이 보고, 듣고, 느끼고, 바라는 것을 가장 정확하게 안다.)

[예]

말하는 사람: 우리 부장이 계속해서 날 무시해…….

듣는 사람: 너희 부장이 너한테 무슨 말을 했을 때 너는 존중이 필요했니?

말하는 사람: 응. 어제는 나한테, 사무실에 임시로 나와서 일하는 사람만큼도 내가 모른다는 식으로 말하는 거야.

듣는 사람: 네가 사무실에서 하는 일들에 대해 인정받고 싶었기 때문에 화가 났어?

말하는 사람: (계속)

14. 말하는 사람이 과거에 있었던 상황을 말하고 있더라도 듣는 사람은 지금 이 순간으로 돌아오도록 돕는다.

[예]

말하는 사람: 우리 부장이나 다른 부서장들이 우리한테 이런 식으로 할 땐 정말 속상해. 그럴 땐 어렸을 때 우리 아버지가 우리에게 한 일이 생각나. 캐나다로 이사 가야 한다는 사실을 이삿짐 차가 오기 이틀 전에야 우리한테 말하는 거야! 세상에! 고작 이틀 전에 말이야! 알고 보니 아버진 이미 반 년 전에 캐나다에서 일을 하기로 계약을 하셨던데…….

듣는 사람: 네 아버지가 이사한다는 사실을 그런 식으로 말해 준 것을 생각하면 지금도 화가 나고 마음이 아프니? 네 삶에 큰 영향을 미치는 결정에 대해선 네가 원하는 것도 고려되기를 바라기 때문에?

참고

듣는 사람들에게: 공감세션 동안의 초점은 지금 여러분과 말하는 사람 사이에 이루어지는 현재의 상호작용에 두지 않는다. 당신이 반영해 주고 있는 상대의 '부탁'은 상대가 지금 당신에게서 바라는 것이 아니라 묘사되고 있는 과거의 그 상황에서 상대에게 원하고 있었던 것이다. 공감세션 동안에는 말하는 사람이 마지막에 부탁을 하지 않는 한, 문제 해결에 초점을 두는 일은 피하도록 한다.

15. 시간지킴이: 시간이 거의 다 되어 갈 때 이를 알려 준다.(예를 들자면, "이제 3분 남았습니다.") 시간이 다 되었을 때에는 다시 한 번 말한다. 만약 그때 말하는 사람이 아직 강한 감정을 표현하고 있는 중이거나 구성원들 사이에 아직도 해결되지 않은 아픔이 있는 것을 감지한다면, 시간지킴이는 말하는 사람에게 1분 정도 침묵의 공감을 받고 공감세션을 마무리해도 괜찮겠는지 물어본다. 그러면 모든 참가자들은 말하는 사람의 침묵 뒤에 있는 느낌과 욕구에 집중하면서 그에게 존재 전체로 머무른다. 시간지킴이는 1분이 지났을 때 이를 알린다.

16. 두 차례의 '돌아가며 나누기'로 공감세션을 마무리한다. 이를 위

해, 공감세션을 계획할 때에는 두 번의 '마무리를 위한 돌아가며 나누기'를 할 수 있도록 5분 정도를 추가로 준비해 둔다.

- 첫 번째 돌아가며 나누기는 말한 사람이 구성원들에게 자신이 원하는 바를 부탁하는 것으로 시작한다. 우리가 자신의 솔직한 내면을 드러냈을 때, 자신이 나눈 것에 대해 다른 이들이 어떻게 느꼈는지 알고 싶을 때가 있다. 말한 사람은 자신이 나눈 것에 대해 구성원들에게 조언, 의견, 정보 등을 부탁해 볼 수도 있다. 한 바퀴 돌면서 구성원 각자가 말한 사람의 부탁에 대답할 기회를 가진다.

- 두 번째 돌아가며 나누기는 방금 끝난 프로세스 자체나 공감세션에서 자신이 한 역할을 통해 얻은 통찰과 느낌을 각자가 표현하면서 마무리한다. 이것은 또한 우리가 받은 나눔과 배움에 대해 서로에게 감사를 표시하는 기회이기도 하다.

K. 역할극을 위한 제언

1. 참가자 A는 다음과 같은 점들을 말하면서 역할극을 진행할 상황을 설명한다.(A와 B가 역할극을 할 때)

● 자신의 역할: "저는 연구소에서 일하는 임시직 연구원입니다."

● A가 원하는 상대역 B의 역할: "당신은 저의 직속 상사입니다."

● 대화가 이루어지는 시간과 장소(역할극을 위해 필요한 경우): "시간은 금요일 저녁 6시이고, 저는 막 퇴근하려던 참이었어요."

● 상대역 B의 대사 처음 한두 줄: "제 상사가 제게 이렇게 말합니다. '보고서 다 끝났습니까? 그 보고서, 월요일 아침 회의 시작 전까지 준비해 주세요.'"

● 참가자 A: 상대방이 맡은 역할을 하는 데 꼭 필요할 때에만 추가적인 배경 설명을 한다. 그러나 상황 자체나 그 전후 사정, 또는 자신의 경험을 묘사하는 말은 피한다. (상황 설명보다는 역할극을 연습하는 데 더 많은 시간을 쓴다.) 만약 역할극 중에 B가 당신이 원하는 것과 다르게 역할을 할 때에는 그에게 다음처럼 간단한 신호를 줄 수 있다. "아니, 그것보다는 아마도 당신은 _____ _____라고 말할 거예요."

2. 보통은 B가 습관적인 (자칼) 방식으로 말하고, A는 공감으로 말하고 듣는 연습을 하게 된다. 그러나 만약 A가 역할극 상황에서 실제로 심한 정서적 고통을 느끼게 된다면 상황에 몰입되어 B에게 공감할 수 없게 될 수도 있다.

그럴 경우, '가상 시나리오'로 우선 B가 NVC 대화자로 변해서 A에게 공감을 해 주는 역할을 하는 것이 도움이 될 수 있다. A가 다시 원래의 역할을 맡아 연습할 준비가 되면(이 같은 변화는 역할극이 진행되는 동안 일어나지 않을 수도 있다), 다시 시작한다. 이때 B는 다시 습관적으로 말하면서 실제 자신의 역할을 계속한다.

또 다른 대안은 A가 NVC에 대한 의식 없이 습관적으로 말하는 상사 역할을 하면서, 또 다른 참가자가 NVC 말로 A 본인의 역할을 하는 것을 듣는 것이다.

각각의 역할극을 할 때마다 시간을 정해 놓고 시간지킴이를 두는 것이 좋다. 끝부분에 A와 B 모두가 역할극을 하면서 '효과적으로 도움이 된 것'과 '도움이 되지 않은 것', 그리고 자신들이 배운 것을 말할 수 있는 기회를 반드시 가진다. 때때로 역할극을 지켜본 사람들 역시 깊이 있는 통찰을 경험하기도 한다.

제 4 부

연습

개인 과제
진행자를 위한 안내
예시 답안

혼자 공부하는 개인들을 위한 안내

이 책의 '진행자를 위한 안내'에 나오는 대부분의 활동뿐 아니라 모든 '책 복습'과 '개인 연습' 부분들은 거의 변형을 하지 않고서도 혼자서 연습하는 데 사용할 수 있다. 공부할 때에는 노트나 컴퓨터를 가까이 두고 내면에서 일어나는 반응들(느낌, 욕구, 생각 등)을 그때그때 기록한다. '과제'나 '활동'을 할 때 여러분에게 도움이 될 수 있도록 ♣로 참고 사항을 붙여 놓았다.

NVC라는 새로운 언어를 배우는 데 좀 더 많은 시간과 에너지를 투자하고자 한다면 더 연습할 수 있는 기회를 스스로 만들어 나갈 수 있다. NVC를 잘 모르는 친구에게 여러분이 관찰, 느낌, 욕구, 명확한 부탁의 영역에 머무를 수 있도록 도와 달라고 요청한다. 친구에게 NVC의 네 단계와 느낌말 목록 그리고 욕구 목록이 담긴 '느낌욕구 카드'를 주는 것을 고려해 본다. 필요할 때마다 꺼내어 한눈에 볼 수 있는 이 카드는 여러분의 친구들이 당신이 배우는 데 도움이 되는 방식으로 여러분과 상호작용을 하는 데 도움이 될 것이다. 친구에게 다가가서 NVC의 네 가지 요소를 사용하여 다음과 같이 자신을 표현해 본다.

"나는 NVC를 할 때 아주 재미있어. 왜냐하면 우리 가족(친구, 동료)과의 관계에서 즐거움(친밀함, 의미, 조화)을 더 많이 경험하기 때문이야. 내 연습을 네가 돕는 방법에 대해 들어 볼 의향이 있는지 말해 줄래?"

다음은 친구에게 도움을 요청하는 표현의 또 다른 예이다.

"내가 NVC를 할 때 우리 가족과 관계가 어떤지를 (더 재미있고, 더욱 의미 있고, 같이하는 모든 사람들에게 더 편안하고, 내 눈앞에서 변화되는 것이 보이고 등) 생각하면 나는 흥분돼. 왜냐하면 조화롭고 또 예측 가능성이 이전보다 훨씬 더 좋아지기 때문이야. 내가 NVC를 연습하는 것을 네가 어떻게 도와줄 수 있는지 들어 본 후에 그럴 의향이 있는지 말해 줄래?"

여러분이 NVC를 배우는 것을 돕기로 동의한 사람들과 연습을 계속하다 보면 그들도 이렇게 가슴에서 우러나와 말하는 방식이 자신들에게 소중하다는 것을 알게 된다. 그럴 때에는 워크북에서 연습모임 만들기에 관한 부분을 읽어 보고, 거기에서 제안하는 내용을 여러분에게 편안한 방법으로 활용하여 친구들이 함께할 수 있도록 초대한다.

이 책에서는 연습모임에서 경험할 수 있는 문제들뿐 아니라 혼자 공부할 경우에 직면할 수 있는 문제들도 다루고 있으므로 필요할 때 계속해서 참고하기 바란다. 이 책에 나오는 연습모임과 관련된 제안들은 혼자서 연습할 때에도 적용할 수 있다.

이 책을 사용하여 혼자 공부하다 보면 자기 힘으로 과제를 풀기 전에 '진행자를 위한 안내'나 '예시 답안'을 미리 보고 싶은 충동을 느낄 수 있다. 그러나 그것들을 보기 전에 과제를 혼자 힘으로 해 보는 것이, 같은 노력으로 가장 효과적인 결과를 얻는 공부 방법이 될 것이다.

제1장

마음으로 주기

[책 복습]

1. 『비폭력대화』 저자인 마셜 로젠버그는 자신이 어린 시절부터 마음에 품고 있던 두 가지 의문에 대한 탐구에서 NVC가 비롯하였다고 말한다. 그 두 가지 의문은 무엇인가?

2. '비폭력대화'는 '_____' 또는 'NVC'로 알려져 있으며, 어떤 나라에서는 '기린 언어'로도 불린다. 어떤 사람들은 자신의 말이 특별히 '폭력적'이라고 생각하지 않기 때문에 책 제목에 나와 있는 '비폭력'이라는 말을 불편해한다. 마셜은 『비폭력대화』에서

'비폭력'을 어떻게 설명하고 있는가?

3. NVC의 목적은 무엇인가?

4. NVC는 우리가 흔히 대화하는 방법과 어떻게 다른가?

5. "NVC는 단순한 방법론이나 말하는 기술이 아니다."라는 마셜의
   말이 뜻하는 바는 무엇인가?

6. NVC 모델의 두 가지 측면은 무엇인가?

7. NVC 모델의 네 가지 요소는 무엇인가?

8. 우리의 삶과 사회에서 NVC가 사용될 수 있는 분야와 방법들을
   말해 보자.

[개인 연습]

마셜 로젠버그는 다음 이야기를 통해 비폭력대화의 핵심을 설명
한다.

샌프란시스코의 그레이하운드 버스 터미널에서 버스를 기다리면
서 나는 벽보를 보았다. "십 대들에게: 모르는 사람과 이야기하지 말

것” 그 의도는 분명히 집을 나온 십 대들을 노리는 대도시의 위험을 경고하는 데 있었다. 한 예로, 포주들이 버스 터미널에서 외롭고 겁에 질린 십 대들에게 접근해서는 계산된 따뜻함으로 음식과 지낼 곳, 그리고 경우에 따라서는 마약까지 제공한다. 그러나 머지않아 그들은 자기들을 위해 성매매를 하도록 십 대들을 옭아맨다.

나는 인간들이 얼마나 약탈적으로 변했는가를 보여 주는 이 경고문을 보면서 착잡한 마음으로 대기실로 들어갔다. 거기서 나는 곧 힘이 되살아났다. 나이 든 이주 농장 노동자 한 사람이 오렌지 하나를 무릎에 올려놓고 있었다. 누런 종이봉투에 싸 온 점심의 마지막 부분인 것 같았다. 대기실 건너편에 한 아이가 엄마 무릎에 앉아 그 오렌지를 쳐다보고 있었다. 아이의 눈길을 의식한 그 사람은 곧 일어나 아이에게 걸어갔다. 아이에게 주어도 괜찮겠냐고 엄마에게 몸짓으로 먼저 물었고, 엄마가 미소를 지어 보이자 그 사람은 오렌지를 두 손으로 받쳐 들고는 입을 맞춘 다음 아이에게 주었다.

나는 그 사람 옆에 앉으면서 그 모습을 보고 감동했다고 말했다. 그 사람은 얼굴에 미소를 띠었고 자기의 행동에 감사한다는 말을 듣고 흡족해하는 것 같았다. 나는 “아이에게 주기 전에 오렌지에 입 맞추시는 모습이 특히 마음에 와 닿았습니다.”라고 덧붙여 말했다. 내 말에 대답하기 전에 진지한 표정으로 말없이 앉아 있던 그가 드디어 입을 열었다. “내가 65년을 살아오면서 배운 것이 한 가지 있다면, 그건 가슴에서 우러나올 때에만 주라는 것입니다.”

우리의 의도와 연결하기

1. 최소 30분 정도 방해받지 않고 편안하게 있을 수 있는 장소를 찾는다.

   - 몸과 마음을 조용히 하기 위해 의식을 호흡에 둔다.
   - 주위를 살펴본다. 무엇이 보이고, 무슨 소리가 들리는가? 어떤 냄새가 나고, 어떤 느낌이 드는가?
   - 다음 질문으로 넘어가기 전에 느낌과 몸이 어떤지 살펴본다. 긴장되는가? 지루한가? 편안한가? 울적한가? 얼굴과 등, 어깨, 왼쪽 새끼발가락에 긴장이 느껴지는가?

2. 마셜의 오렌지 이야기를 다시 생각해 보면서 마음에서 우러나와 주었거나, 다른 사람으로부터 그러한 선물을 받았던 즐거운 기억을 떠올려 본다. "당신이 내게서 받아 갈 때 나는 어느 때보다 받는 기쁨을 느껴요. …… 당신이 나에게 줄 때, 나는 받음을 당신에게 주는 것이고, 당신이 내게서 받아 갈 때, 나도 진정으로 받는 느낌이에요."(루스 베버마이어)

3. 자신에게 다음과 같이 물어본다. "무엇이 나를 NVC로 이끄는가? 내 삶과 이 세상에서 내가 진정 원하는 것은 무엇인가?" 잠시 그 열망과 욕구에 머물러 본다.

4. 어린 시절이나 최근에 이러한 욕구나 열망을 인식했던 때를 기억

하는가? 이런 욕구가 현재 삶의 어떤 부분이나 순간에 나타나는가?

참고

이런저런 생각을 떠올리고, 옛날 일들을 기억하고 그것들을 반추할 때, 가끔 멈추고 호흡에 의식을 둔다. 그리고 몸에서 일어나는 감각이나 느낌에 연결한다. 그런 다음 앞의 과제를 계속한다.

5. (실제로 책을 덮고 일어나기 전에) 이 연습을 끝내려는 의도가 마음 안에서 일어날 때 이를 인식한다. 다시 한 번 잠시 멈추고 심호흡을 한다. 이 순간 당신은 무엇을 느끼는가? 어떤 충족되었거나 충족되지 않은 욕구를 의식하고 있는가? 자리를 떠나기 전에 잠시 주위를 살펴본다. 당신은 무엇을 보고, 듣고, 만지고 있는가? 그리고 어떤 냄새를 맡고 있는가?

이번 일주일을 지내는 동안

1. 마음에서 우러나와 주었던 사례를 찾아보자. 꼭 '큰 것'일 필요는 없다. 일상에서 우리는 항상 우리 자신과 우리가 가진 것을 나누어 주고 있다. 그것은 동료에게 해 준 한마디 격려의 말일 수도 있고, 뒤에 들어오는 누군가를 위해서 문을 잡아 준 일일 수도 있다. 또, 길게 늘어선 줄에서 지루해하는 아이에게 재미있는 농담을 건넨 것일 수도 있다. 그때를 떠올릴 때 어떤 느낌이 드는지 묘사해 보자.

2. 마음에서 우러나서가 아니라 다른 이유로 주었던 사례를 찾아보자. 자신이나 그 상황을 판단하거나 분석하지 않으면서, 그때를 생각할 때 지금 어떤 느낌이 드는지 말해 보자. 그 상황에서 어떤 일이 일어났기를 원하는가?

앞의 과제들에 대한 답과, 일주일을 지내면서 관찰하거나 깨달은 것을 적는다.

참 고

우리 대부분은 자신을 연민을 가진 관대한 사람으로 보고 싶어 한다. 자신의 마음이 꽉 닫혔을 때나, 무엇인가를 주려다가 망설이면서 손을 다시 주머니에 깊숙이 넣었던 순간들을 생각하고 싶어 하지 않는다. 그러나 우리의 연민과 관대함은 자신의 한계와 만나는 바로 그 순간들을 판단하지 않고 응시하고 또다시 응시할 때 성장한다. 우리 안에 있는 그런 순간들을 사랑의 눈길로 찾아보자.

이 첫 번째 과제는 구성원들이 개인적으로 의미 있는 것들을 함께 나누면서 서로를 알게 되는 기회가 된다. 아래에 나와 있는 [활동 1]을 하는 데 약 한 시간 정도 필요할 것으로 예상되지만, 모든 참가자들이 마음에서 우러나와 주었던 경험들을 충분히 나눌 수 있도록 여유 있게 진행한다. 만약 시간이 모자란다면 [활동 2]는 생략한다.

[활동 1] 마음으로 주기

1. 각 사람에게 자기 이야기를 해 보라고 요청한다.(차례로 돌아가면서 하고, 이 활동을 하는 데 얼마의 시간을 예정하고 있는지 말한다. 이런 이야기는 자신의 내면을 솔직하게 드러내는 일이므로 말하는 사람으로서는 용기가 필요할 수도 있다는 점을 듣는 사람들에게 알려 주고 귀 기울여 듣도록 한다. 한 사람의 이야기가 끝나면 다음 사람으로 넘어가기 전에 잠시 멈춘 다음 들은 이야기를 마음으로 음미하고, 말한 사람에게 모두가 조용히 감사를 표한다. 사람들의 이야기에 대한 토론이나 논평은 자제한다.)

♣ 잠시 동안 지금 이 순간 내면에서 생동하고 있는 것들에 관해 간단히 메모하면서 당신 자신의 이야기에 대해 생각해 본다.

2. 참가자들에게 과제의 나머지 부분에 대해 답한 것들을 함께 나누어 보도록 요청한다. 어떤 사람은 자기가 쓴 것을 읽을 터이고, 또 어떤 사람은 연습 문제를 하면서 느낀 점을 나눌 수도 있을 것이다.

♣ 연습 문제에 대해 당신이 답한 내용을 읽은 다음, 그것들을 하면서 느낀 점을 명확하게 표현해 본다.

3. 이 활동을 끝내면서, '마음으로 주기'에서 배운 내용을 다 같이 요약해 보도록 한다. [활동 2]를 시작하기 전에 '책 복습'을 포함해 첫번째 과제에 대한 질문이 있는지 확인한다.

♣ '마음으로 주기'라는 주제에서 배운 점을 세 가지 정도로 정리해 보고, 그것을 노트에 적는다.

[**활동 2**] 마음으로 주는 것을 막는 내면의 욕구 들여다보기

마음에서 우러나 주는 것은 우리가 경험할 수 있는 가장 큰 기쁨 중 하나이다. 그리고 이것은 NVC에서 가장 기본적인 개념이기도 하다. 그러나 우리가 줄 때 우리 모두에게는 그것에 상응하는 욕구가 있으며, 때때로 이러한 욕구들은 마음에서 우러나 주는 것을 방해하기도 한다. 우리는 이런 욕구들을 찾아 의식하는 방법을 배울 수 있다.

1. 나누었던 이야기들 중에 마음에서 우러나와서 주지 못했던 상황

을 언급하며 "그때 어떤 욕구 때문에 그렇게 하지 못하셨나요?"라고 물어본다. 그리고 다음과 같은 내용을 언급한다. "다른 사람의 행복에 기여하는 데 우리의 힘을 쓸 때 가장 깊은 기쁨을 느낀다는 것이 NVC의 전제이다. 만약 이런 기쁨이 없었다면, 그것은 우리 안에 충족하고 싶은 어떤 다른 욕구가 있는 것이다. 그렇다면 우리 자신이나 다른 사람에게 '이기적이다' '차갑다' 등의 꼬리표를 붙이는 대신, 우리가 어떤 행동을 선택하는 것은 항상 어떤 특정한 욕구를 충족하기 위해서라는 점을 의식하면 된다."(우리의 선택이 항상 성공적이라는 뜻은 아니다.)

> 🍀 마음에서 우러나와서 주지 못했던 때의 구체적인 예를 떠올려 본다. 그 행동 뒤의 진정한 동기가 무엇이었는지 생각해 본다. 또는 누군가로부터 부탁을 받고 그것을 기꺼이 해 주지 못했던 때를 기억해 본다. 어떤 욕구 때문에 그 부탁을 들어주지 못했는지 생각해 본다. 이때 자신을 비판하는 생각이 떠오르면, 자신이 그런 생각을 하고 있음을 알아차린다.

2. 이야기하지 않은 사람들에게, 주지 못했던 (또는 마음으로 주지 못했던) 순간에 대해 말해 보고, 그렇게 하지 못하게 막았던 그들의 욕구를 찾아보라고 요청한다. 필요하다면 욕구 목록을 이용한다.(부록3)

3. 주기를 주저했거나 거절했던 것은 다른 욕구를 충족하려는 선택이었다는 점을 이해하게 된 후 뭔가 변화를 경험한 사람이 있는지

물어보고 이 활동을 끝낸다.

 이에 대해 깊이 생각해 보고 당신의 대답을 기록한다.

예시 답안

[**활동 2**]에 대한 예시 답안: 마음으로 주는 것을 막는 내면의 욕구 보기

내가 어렸을 때 아버지는 나에게 이렇게 말씀하시곤 했다. "차 한 잔 가져와." 아버지는 그 순간에 내가 무엇을 하고 있는지, 또는 내가 그 심부름을 하고 싶어 하는지 물어보신 적이 단 한 번도 없었다. 나는 아버지의 말을 명령으로 들었고, 그 말을 듣지 않았을 때 돌아올 결과가 두려워 매번 투덜거리면서 마지못해 차를 가져다드렸다. 아버지께서 돌아가신 지금, 나는 이 글을 쓰면서 깊은 슬픔을 느낀다. 내 마음에서 우러나와 가져다드린 차를 아버지께서 생전에 한 번도 드신 적이 없다는 사실을 깨달았기 때문이다. 마음으로부터 즐겁게 아버지께 차를 가져다드리지 못했던 것은, 내게 존중과 자율성의 욕구가 있었기 때문이었다.

물론 지금 돌이켜 보면, 불평을 하면서 마지못해 순종하는 것은 나의 자율성과 존중에 대한 욕구를 충족할 수 있는 효율적인 방법이

아니었다. 지금 생각하면 마음이 아프다. 왜냐하면 당시에 존중과 자율성을 더 잘 충족할 수 있는 방법을 알고, 마음에서 우러나와 기여하는 즐거움을 느끼면서 차를 드릴 수 있었으면 얼마나 좋았을까 하는 생각이 들기 때문이다.

참 고

대답은 각자의 경험에 따라 개인마다 모두 다를 것이다.

> ♣ 앞의 예시 답안을 읽고, 당신의 답과 어떤 점이 비슷하고 다른지 생각해 본다.

연민을 방해하는 대화

제 2 장

개인 과제

[책 복습]

1. '삶을 소외시키는 대화'란 무엇인가?

2. '삶을 소외시키는 대화'의 유형을 생각해 보고 각각의 예를 들어
   보자.

3. 마셜은 다른 사람을 분석하거나 판단하는 것은 무엇의 비극적 표
   현이라고 말하고 있는가?

4. 마셜이 이런 식으로 우리 자신을 표현하는 것을 '비극적'이라고 말한 이유는 무엇인가?

5. 다른 사람들이 두려움, 죄책감, 수치심 때문에 우리가 원하는 것을 할 때 어떤 일이 일어나는가?

6. 사람들이 마음속에서 우리를 두려움, 죄책감, 수치심 같은 느낌들과 연결지어 보게 될 때 어떤 일이 일어나기 쉬운가?

7. '가치판단'과 '도덕주의적 판단'의 차이는 무엇인가?

8. 우리가 사용하는 말들 중에 어떤 말들이 개인의 책임과 선택에 대한 의식을 흐리게 하는지 예를 들어 보자.

9. 마셜은 '강요'를 어떻게 정의하고 있는가?

10. 마셜은 책에서 자녀들이 아무것도 억지로 하게 할 수는 없다는 것을 가르쳐 주었다고 쓰고 있다. 이 말의 의미는 무엇인가?

[개인 연습]

1. 삶을 소외시키는 대화의 형태들을 아래의 네 가지 소통(4D) 유형으로 생각해 보자.

- 진단(Diagnosis), 판단, 분석, 비판, 비교
- 책임의 부정(Denial of responsibility)
- 강요(Demand)
- '~해야 마땅하다'라는 생각에서 나오는 말(Deserve)

일주일 동안 자신이 한 말 중에서 앞의 각 항목에 해당하는 예를 찾아본다. 원한다면 더 먼 지난날까지 범위를 넓혀 본다. 누군가와 대화를 나누었던 상황 하나를 선택한다. 아니면 자기 자신에게 했던 말을 생각해 본다. 그 상황을 설명하기보다는 그때 자신이 사용했던 정확한 단어들을 찾아 적는다.

2. 잘되지 않고 있는 두 사람의 대화를 약 6~8줄 길이로 써 보자. 그 것은 우리 삶에서 일어났던 다른 사람과 우리 사이의 대화일 수도 있다. 대화를 다 쓴 후에 그 문장을 다시 읽어 보면서, 두 사람 모두 앞의 네 가지 유형 중 어떤 것을 사용하고 있는지 살펴본다.

3. 주중에 하루를 '삶을 소외시키는 대화(4D) 경계일'로 정한다. 이날 은 주변 사람들의 의사소통 방식에 특별히 주의를 기울여 듣는다. 그들의 말에서 앞의 네 가지 유형이 나올 때마다 이를 메모해 둔 다. 특히 텔레비전, 라디오, 광고에서 나오는 말들을 들을 때 주의 해 들어 본다. 말을 들을 때뿐 아니라 글을 읽을 때에도 같은 주의 를 기울인다.

4. 마셜은 프랑스의 소설가 조르주 베르나노스를 인용하고 있다. "우리가 지금까지 보아 온 끔찍한 일들, 또 앞으로 일어날 더욱 전율할 만한 사건의 원인은, 이 세상 여러 곳에서 반항적이고 길들여지지 않은 사람의 수가 늘어난다는 것이 아니라, 오히려 온순하고 순종적인 사람의 수가 계속 늘어난다는 것이다." 당신은 이 말에 동의하는가, 아니면 동의하지 않는가? 예를 들 수 있는가?

5. 삶을 소외시키는 대화가 어떻게 독재자나 왕, 전제군주 혹은 다국적 기업이 지배하는 사회·정치체제에 이익을 주고 있다고 보는가?

다음의 활동을 시작하기 전에, 우선 개인 연습 4번과 5번에서 제기된 주제들에 관해 특별히 토론하고 싶은 사람이 있는지 먼저 확인한다. 만약 그에 대한 관심의 정도가 크지 않다면 [활동 3]은 생략하고 넘어가도 좋다. 여기에 나오는 활동들을 서두르지 않고 모두 하기에는 시간이 부족할지도 모른다. [활동 1]을 위해 충분한 시간을 배정한다. 토론에 들이는 시간을 제한하여, 더 많은 시간이 토론보다는 연습에 쓰일 수 있도록 한다.

[활동 1] 써 놓은 대화

개인 연습 2번에서 당신이 작성한 대화 내용을 모두가 볼 수 있게 칠판이나 큰 종이에 쓴다.(활동 시작 전에 미리 써 놓는다.) 그 대화에 나오는 한 사람의 역할을 맡고 다른 사람에게 상대역을 맡도록 부탁한 뒤, 대화 내용을 함께 크게 읽는다. 참가자들에게 대화 내용에서 삶을 소외시키는 대화의 유형을 찾아보도록 요청한다.

> ♣ 당신이 작성한 대화 내용을 살펴보면서 그 속에 있는 삶을 소외시키는 대화의 유형을 찾아본다.

이 활동을 마친 다음 다시 대화 내용으로 돌아가, 대화 속에 나온

사람들에게 어떤 충족되지 않은 욕구가 있었는지 구성원들에게 물어본다.(부록3 '욕구 목록' 참고)

> ♣ 당신이 작성한 대화 내용을 가지고 위와 같이 해 본다.

대화를 작성한 사람들에게 자신이 쓴 것을 옆 사람과 나누면서 같이 크게 읽어 보라고 요청한다. 그 대화를 듣고, 진행자를 포함한 나머지 사람들은 돌아가면서 그 속에서 삶을 소외시키는 대화 유형을 찾아낸다. 모든 대화에 대하여 이 작업을 마친 후에는 다시 돌아가 대화에 나온 여러 사람들이 가졌던 충족되지 않은 욕구가 무엇인지 추측해 본다. 그 욕구들을 염두에 두고 대화 내용을 다시 재연해 보도록 요청한다.

> ♣ 친구나 동료에게 개인 연습 2번에서 말하는, 잘 진행되지 않았던 대화의 예문을 써 달라고 한 뒤, 그 안에서 충족되지 않은 욕구들을 찾아본다.

[활동 2] 삶을 소외시키는 대화(4D) 경계일

참가자들에게 지난 일주일을 어떻게 보냈는지, '삶을 소외시키는 대화 경계일'에 무엇을 인식했는지 물어본다. 한 사람씩 돌아가면서 각자 준비해 온 것을 읽거나 말하도록 부탁한다. 사람들이 자신의 습관과 우리의 언어 속에서 관찰한 삶을 소외시키는 대화에 대해 자유롭게 질문하고 인식을 나누고 토론하도록 한다. 활동 끝부분에 참석자들이 배운 점들을 함께 요약해 본다.

[활동 3] 개인 연습 4번, 5번 다시 보기

개인 연습 4번과 5번 중 하나나 둘 모두를 주제로 정해 토론해 본다. 구성원들의 관심이 크지 않으면 토론 시간을 15분 정도로 제한한다.

[활동 4] 삶을 소외시키는 메시지 찾기

a. 먼저 참가자들 각자가 속해 있으면서 자신이 활발하게 활동하고 있거나 자신과 동일시하는 공동체나 분야를 말해 보라고 요청한다.(예컨대 교육, 비영리단체, 자녀 양육, 명상, 교정기관, NVC 등)

b. 참가자들에게 각자가 언급한 분야에서 구체적으로 어떤 말들이 자주 쓰이는지 찾아보도록 요청한다. 찾은 것들을 서로 나누기 전에 3분 정도 조용히 생각하는 시간을 가진다.

[교육 분야에서 찾은 예문]

- 교사는 성적 평가를 하도록 되어 있다.
- 품행이 좋지 않은 학생은 처벌을 받아야 마땅하다.
- 너는 16세까지는 학교에 다녀야만 한다.
- 우리나라 교육제도는 깊은 수렁에 빠져 있다.

♣ 이들에 대해 충분히 생각해 보고, 당신의 분야와 관련된 목록을 만들어 본다.

[활동 4] 삶을 소외시키는 메시지 찾기

다음은 여러 분야에서 찾은, 연민에서 우러나온 협력을 불러일으킬 법하지 않은 방식으로 표현된 메시지의 사례들이다.

교육

강요: "너는 16세까지는 학교에 다녀야만 한다."

강요가 아닌 표현: "내실 있는 교육을 받는 것이 중요하다고 생각하기 때문에, 우리는 네가 16세까지는 학교에 다니기를 원한다."

교정기관

'마땅하다/당연히'라는 생각에서 나오는 말: "다른 사람에게 가해를 한 사람은 벌을 받아야 마땅합니다."

'마땅하다/당연히'라는 생각이 담기지 않은 표현: "나는 치유가 되고 신뢰가 회복되는 것을 중요하게 생각하기 때문에, 다른 사람에게 해를 끼친 사람들이 자신들이 끼친 피해를 바로잡을 수 있는 기회가 주어지기를 원합니다."

NVC 공동체

진단, 판단, 비판: "당신이 하는 말은 NVC가 아닙니다."

진단과 비판이 아닌 표현: "저에게는 서로 솔직하게 말하면서 생기는 연결이 중요해서 그러는데, 이 상황에서 느끼는 느낌과 욕구를 나누어 주셨으면 합니다."

의료 분야

책임 부정, 진단: "의사가 제일 잘 압니다."

책임을 부정하지 않는 표현: "우리는 명확한 결과를 원했기 때문에 이 검사를 받도록 했습니다."

진단하지 않는 표현: "이 문제에 대한 제 판단을 믿어 주시기 바랍니다."

양육

강요: "어른들은 아이들이 공공장소에서 어떻게 행동해야 하는지 가르쳐야만 합니다."

강요가 아닌 표현: "나는 어른들이 아이들에게 공공장소에서는 안전하고 조용하게 행동하는 태도를 가르치기를 바랍니다."

명상

책임 부정: "거기에서는 나를 한 시간 내내 꼼짝 않고 앉아 있게 했다."

책임을 부정하지 않는 표현: "나는 한 시간 내내 꼼짝 않고 거기 앉아 있기로 선택했다. 왜냐하면 나는 선생님의 방법을 따라해 보기를 원했기 때문이다."

있는 그대로 관찰하기

개인 과제

[책 복습]

1. 제3장 첫 부분에 나와 있는 시에서 마셜은 두 가지를 섞지 말 것을 부탁하고 있다. 마셜이 분명하게 구별해 달라고 부탁하는 두 가지는 무엇인가?

2. 앞에서 말하는 두 가지를 분명히 구별해야 하는 이유는 무엇인가?

3. 정적인 언어(static language)와 동적인 언어(process language)의 차이점은 무엇인가?

4. 마셜은 사람들에게 '책임감 있는 아이' '요리사' '아름다운 금발' 등과 같이 긍정적이거나 중립적인 꼬리표를 붙이는 것도 꺼린다. 그 이유는 무엇인가?

5. 교장 선생님에 대한 교사들의 평가는 무엇이었는가? 구체적인 관찰은 무엇이었는가?

6. '언제나' '결코 ~한 적이 없다' '~할 때마다'와 같은 낱말들은 관찰을 나타내는 단어인가, 아니면 평가가 섞인 관찰을 나타내는 단어인가?

7. NVC의 첫 번째 요소는 무엇인가?

[개인 연습]

1. 자기 자신에 관한 관찰과 평가를 각각 세 가지씩 적어 보자.

2. 정적인 언어와 동적인 언어의 차이가 나타나는 예를 들어 보자.

3. 제3장 끝부분에 나와 있는 평가와 관찰에 관한 표(책 p.67)를 이용하여 각각의 형태에 해당하는 예를 만들어 보자. 먼저 평가가 섞인 관찰의 예를 들어 보고, 이어서 평가가 섞이지 않은 관찰의 예를 들어 보자.

4. 다음 단어들이 관찰로 쓰일 수 있는 예를 들어 보자. 그리고 이 단어들이 평가가 섞인 관찰을 나타내는 데 쓰인 예를 들어 보자.

① 결코 ~한 적이 없다.

② 언제나

③ ~할 때마다

④ 항상

⑤ 아무도 ~하지 않다.

5. 버스나 지하철 안에서, 또는 줄을 서서 기다릴 때, 또는 많은 사람들 틈에 섞여 있을 때 주변에 있는 사람들을 5분 정도 둘러보자. 내 마음속에서 어떤 생각들이 일어나고 있는지 찾아본다. 필기할 수 있으면 그 생각들을 기록하여 살펴본다. 그것들은 관찰인가, 평가인가? 또, 순수하게 관찰인 것과 평가가 섞인 것의 비율은 어느 정도인가?

진행자를 위한 안내

오늘 모임에서 하려는 활동들이 있어서 시간 관계상 지난 일주일 동안 각자가 한 과제를 모두 나누지 못할 수도 있다는 점을 설명한다. 혹시 오늘 다루었으면 하는 중요한 것이 있는 사람이 있는지 물어본다.

[활동 1] 관찰인가, 평가인가?

『비폭력대화』 제3장 뒷부분에 있는 [연습 문제 1] '관찰인가 평가인가?'를 함께 해 본다. 모임의 답을 결정하고 그것을 마셜의 대답과 대조해 본다.(만일 대부분의 사람들이 이미 이 연습 문제를 했다면 아래의 [대체활동 1]에 나오는 내용을 사용한다.)

[대체활동 1] 관찰인가, 평가인가?

다음의 문장들이 '평가가 섞이지 않은 관찰'이라고 생각하는가? 만일 그렇지 않다면, 각 상황에 맞는 '평가가 섞이지 않은 관찰'의 예를 들어 보자.

1. "NVC를 배우는 가장 좋은 방법 중 하나는 연습, 연습 또 연습하는 것이다."

2. "우리 상사는 이번 결정을 질질 끌고 있어."

115

3. "너는 성적에 대해서 나에게 거짓말을 했다."

4. "우리 남편은 애정 표현을 거의 하지 않는다."

5. "너는 이번 주에 나와 네 번이나 논쟁을 벌였어."

6. "마셜은 NVC를 배우는 유일한 방법은 연습, 연습, 연습이라고 말했어."

7. "그들은 내가 저녁 식사로 돼지족발을 내놓은 것을 보고 나를 놀렸어."

8. "너는 나에게 먼저 허락을 받지 않고 차를 운전했어."

9. "그들은 환경을 파괴하고 있어."

10. "그 의사는 나한테 아무것도 설명해 주지 않아."

> ♣ 앞의 [대체활동 1]과 『비폭력대화』에 나와 있는 연습 문제를 혼자서 풀어 본다.

[활동 2] 관찰하기

잠시 시간을 가지고 사람들에게 조용히 방안을 둘러보게 한 다음,

"사람들이 지쳐 보여." "이 방은 참 아늑해." 등과 같은 평가가 섞인 관찰의 예를 들어 보라고 요청한다. 그런 관찰을 한 사람이 다른 한 사람을 지목하여 그것에 대해 '평가가 섞이지 않은 관찰'을 말해 보도록 요청한다. ("사람들이 지쳐 보여."를 관찰로 표현하면, "나는 연습 활동을 하는 동안 우리 중에 세 사람이 하품을 하고 다른 한 사람이 손으로 눈을 비비는 것을 보았다."가 될 수 있다.)

> ♣ 현재 당신의 주변에 대해서 '평가 섞인 관찰'의 예를 두 가지 만들어 보고, 그것을 '평가가 섞이지 않은 관찰'로 바꾸어 말해 본다.

[활동 3] 토론

개인 연습 5번에 대해 자신이 어떻게 대답했는지 돌아가며 이야기한다. 그리고 평가와 관찰에 대해서 무엇을 배웠는지, 또 왜 이 두 가지를 구별하는 연습을 하고 있는지에 대해 모임 전체가 토의하도록 한다.

> ♣ 평가와 관찰을 구별하는 것이 중요한 이유에 대해 당신 자신이 생각하는 바를 적어 본다.

[활동 4] 과제 다시 보기

시간이 있으면 과제의 나머지 부분에 대해 답한 것들을 다른 사람들과 나누어 본다. 시간이 부족하다면 과제의 내용에 대해 질문이 있는 사람이 있는지 물어본다.

[대체활동 1] 관찰인가, 평가인가?

'평가가 섞인 관찰'을 대신할 '평가가 섞이지 않은 관찰'의 예문:

참 고

아래에 제시된 예시 답안은 NVC 전체가 아니라 '관찰' 부분에 대한 예시 답안일 뿐이다.

1. "우리 연습모임 사람들은 모두 NVC를 배우는 가장 좋은 방법 중 하나는 연습, 연습, 또 연습하는 것이라고 말한다."

2. "우리 상사가 지난주까지 결정 사항을 알려 주겠다고 말했는데 우리는 아직 아무 소식도 듣지 못했어."

3. "나는 네가 전 과목을 통과했다고 말하는 것을 들었는데, 이 성적표에는 F가 두 개 보인다."

4. "우리 남편은 2주 동안 내게 키스를 하지 않았다."

5. "이번 주에 너는 내가 한 말에 동의하지 않는다고 네 번 말했어."

6. "NVC를 배우는 유일한 길은 연습, 연습, 또 연습하는 것이다."라고 마셜이 말하는 것을 그 사람이 실제로 들었다면, 그는 어떤 평가도 덧붙이지 않고 들은 것을 그대로 말하고 있는 것이다.

7. "내가 저녁 식사로 돼지족발을 차려 냈을 때 나는 웃음소리와, 누군가가 '손톱깎이가 필요한데 어디 있지?'라고 말하는 소리를 들었다."

8. 만일 양쪽 사이에(예를 들자면, 부모와 십 대 자녀 사이) '우선 허락 받기'가 무엇인지에 대해 분명한 합의가 있었다면, 이 말은 평가가 섞이지 않은 관찰이 되겠다.

9. "그들은 이 지역의 나무를 90% 이상 베어 버렸고, 아직도 계속 베고 있어."

10. "그 의사는 내 통증의 원인이 무엇이고, 어떤 치료 방법이 있는지에 대해서 나에게 아무 말도 하지 않았어."

> ♣ 앞의 예시 답안을 읽어 보고, 당신의 답과 비슷하거나 다른 점에 대해 생각해 본다. 그러한 차이점과 관련하여 무엇을 깨달았는가? 예시 답안을 살펴본 후 당신의 대답을 어떻게 수정하겠는가?

제4장

느낌을 알아차리고
표현하기

개인 과제

[책 복습]

1. '교향곡'과 '기상나팔'의 비교를 통해 롤로 메이(Rollo May)는 무엇에 대해 언급하고 있는가?

2. 마셜에 의하면 미국의 교육은 학생들을 가르칠 때 무엇에 초점을 두고 있는가?

3. 마셜은 어떤 직업에 종사하는 사람들은 자신의 느낌을 알아내고 표현하는 데 다른 사람들보다 더 많은 어려움을 겪는다고 한다. 그

이유는 무엇인가?

4. 아내가 남편에게 "나는 벽하고 사는 것처럼 느껴져요."라는 식으로 자신의 느낌을 표현한다면, 그 아내는 어떤 문제에 부딪히게 될까?

5. 우리의 느낌을 명확하게 표현함으로써 얻게 되는 유익한 점은 무엇인가?

6. 우리가 '~라고 느낀다'라고 말할 때 그것은 항상 느낌을 표현하고 있는 것인가? 이 물음에 대해 예/아니오로 대답하고 그 이유를 설명해 보자.

7. 마셜이 '좋은 느낌이다' '나쁜 느낌이다' 같은 말보다는 자신의 정확한 느낌을 찾아 표현하라고 제안하는 이유는 무엇인가?

[개인 연습]

1. 지금 당신의 느낌은 무엇인가?

2. 당신은 어느 순간 당신의 느낌을 어떻게 아는가? 어디에서 찾는가?

3. 마셜의 책 제4장에는 '느낌과 느낌이 아닌 것'을 설명하는 예문들이 있다. 다음 항목에 해당하는 예를 각각 다섯 가지씩 들어 본다.

① 우리 자신에 대한 생각 (예: '나는 미숙하다고 느낀다.')

② 다른 사람들이 우리를 어떻게 평가할 것이라는 우리의 생각

　(예: '나는 중요하지 않다고 느껴진다.')

③ 다른 사람들이 우리를 어떻게 대하고 있는지에 대한 우리의 생각

　(예: '나는 오해받고 있다고 느껴진다. 나는 무시당하는 느낌이다.')

4. 느낌을 전혀 표현하지 않는 사람과 있을 때 당신의 느낌은 어떠한가?

5. "깊은 슬픔을 제외하면 40초 이상 변하지 않고 지속되는 느낌은 없다."라는 말이 있다. (물론 어떤 새로운 생각이나 상황이 일어남에 따라 그 느낌이 다시 돌아올 수는 있다.) 당신은 이 말에 대해 어떻게 생각하는가? 이번 일주일 동안 당신이 경험하는 어떤 느낌을 주의 깊게 지켜보고, 그 느낌의 움직임을 따라가며 깨닫게 된 것을 적어 보자.

6. 우리에게 느낌을 가지고 태어나거나 가지지 않고 태어날 수 있는 선택권이 있다고 상상해 보자. 당신은 어떤 선택을 하겠는가? 그렇게 선택한 이유는 무엇인가?

7. '나는 ~라고 느낀다.'라고 표현했지만, 실제로는 느낌보다 생각을 표현하고 있는 문장의 예를 세 가지 들어 보자.

8. 자신만의 느낌 목록을 만들어 보자.

① 삶이 당신이 원하는 대로 이루어지는 여러 가지 상황을 상상해 보고, 그때 드는 모든 느낌을 써 보자.

② 이번에는 당신의 욕구가 충족되지 않는 상황들을 상상해 보고 그때의 느낌을 다른 종이에 적어 보자.

③ 이 책을 읽어 가면서 계속적으로 당신만의 느낌 목록을 늘려가 보자. 그리하여 느낌의 심포니 오케스트라 만들기에 도전해 보자.

진행자를 위한 안내

여기에 나온 내용은 다음 연습모임을 이끌어 갈 사람에게 도움을 주려는 것이다. 내용 중에서 연습 활동을 유익하고 즐겁게 계획하는 데 도움이 되는 부분만 쓰도록 한다.

[활동 1] 느낌 알아차리기

이 활동의 목적은 지금 이 순간 자신의 느낌을 알아차리고, 그 느낌이 순간순간 어떻게 변화하는지 살펴보는 것임을 설명한다. 모임이 진행되는 동안 한 사람씩 참석자들을 향해 '멈추세요. 눈을 감으세요. 내면으로 들어가 당신의 느낌을 찾으세요.'라는 의미를 가진 신호를 보낸다. 언제 신호를 보낼 것인지는 각자가 선택을 하고, 예고 없이 모임 중간에 갑자기 의자에서 일어서는 식으로 신호를 보낸다.

신호를 보내는 사람이 말을 할 필요는 없으며, 모두가 신호를 본 것을 확인한 후에는 자리에 앉는다.

♣ 멈추어, 눈을 감고, 내면으로 들어가 느낌을 찾아보는 시간을 가진다.

신호를 확인하면 1분간 침묵하면서, 각자 내면을 바라보며 '지금 나는 무엇을 느끼고 있는가? 그리고 지금은? 그리고 지금은?' 하는 식으로 질문을 한다. 이때 진행자가 타이머를 1분 단위로 맞춰 놓으면 시간 확인에 신경을 쓰지 않으면서 진행자도 계속 참석할 수 있어 도움이 된다. 1분이 지나면 진행자는 각자에게 알아차리게 된 느낌들과 지난 1분 동안 관찰했던 것을 서로 이야기하도록 요청한다.

♣ 다른 일을 하면서 한 시간 동안 15분 간격으로 신호가 울리도록 시계를 맞춰 놓는다. 신호가 울리는 순간 당신의 느낌은 어떠한가? 그 느낌들을 주의 깊게 관찰하고 기록해 본다.

참고

이러한 신호들이, 특히 그 순간에 이야기를 하고 있는 사람에게는 방해 요소가 될 수도 있음을 언급한다. 신경이 쓰이거나 짜증이 나는 느낌들을 경험할 수 있는 것이다. 모두에게 이런 느낌들과 그것들이 수반하는 생각들에 주의를 기울일 것을 요청한다. 사람들과 어떤 느낌의 원인에 대해 이야기를 나눌 때 그 뒤에 있는 욕구들도 말해 보도록 상기시켜 준다. 예를 들자면, "방해를 받아서 짜증을 느꼈어."
보다는 "그 신호가 왔을 때 나는 멋진 아이디어를 전달하려던 참이
었기 때문에 짜증이 났어. 그때 나의 욕구는 기여하는 것이었어."라
고 말할 수 있을 것이다.

> ♣ 맞춰 놓은 신호 이외에 다른 방해를 경험했다면 그것을 인식한다. 이러
> 한 예상치 못한 방해에 대해 당신이 다르게 느꼈는지 확인해 보고, 그 느낌
> 들이 어떤 욕구와 연결되어 있는지 살펴본다.

　이 활동이 끝나면 진행자는 침묵 전에 말을 하고 있던 사람에게 다
시 주의를 돌린다. 이 활동을 할 때 모든 사람이 그들의 '느낌과 욕구
목록'을 곁에 두고 이용하면 도움이 될 터이다.(부록 2, 부록 3)

[활동 2] 느낌 알아차리기

　『비폭력대화』 제4장 뒷부분에 있는 '느낌 표현하기'를 풀어 본다. 문
제를 다 풀고 나면 각자의 대답과 마셜의 대답을 비교해 본다.

참 고

　만일 많은 사람들이 이미 혼자서 이 연습 문제를 풀어 봤다면, 다
음에 나오는 [대체활동 2]의 내용을 사용한다.

> ♣ 위의 활동을 혼자서 해 본 뒤에 답을 노트에 기록한다.

[대체활동 2] 느낌 표현하기

다음의 각 문장에서 말하는 사람이 자신의 느낌을 표현하고 있다고 생각하는가? 그렇지 않다면 느낌을 표현하는 문장으로 바꾸어 보자.

1. "직장에서 내 제안에 아무도 반응을 보이지 않을 때 나는 무시당했다고 느껴."

2. "당신이 어떻게 그런 일을 할 수 있는지 도대체 이해를 할 수가 없어."

3. "그런 일이 나에게 일어났다면 나 역시 분개했을 거야."

4. "너는 나를 피곤하게 만들어."

5. "고정적인 월급을 받고 자동차도 갖게 되니 독립한 느낌이야."

6. "그 여자 사진이 신문 1면에 난 것을 보고 깜짝 놀랐어."

7. "네가 고의로 나를 성가시게 하는 것같이 느껴져."

8. "이런 새로운 기술들이 밀려오는 걸 보면 나는 자꾸 뒤처지는 것 같은 느낌이 들어."

9. "내가 그들에게 불친절하게 대하고 있는 것처럼 느껴져."

10. "그녀가 이제 집이 텅 빈 것을 알고 얼마나 실망스러워할지 느껴
    져."

[활동 3] 개인 연습 다시 보기

개인 연습으로 돌아간다. 구성원들에게 특별히 다루어 보고 싶은
부분이 있는지 물어본다. 과제 내용 전체를 모두 다룰 시간이 없을
수도 있기 때문이다. 개인 연습 2번, 4번, 5번과 6번 내용에 대해 토의
한다면 미리 제한시간을 정해 놓는 것이 좋다.

[대체활동 2] 느낌 표현하기

참고

　여기 예시 답안은 NVC 전체가 아니라 '느낌' 부분에 국한된 예시 답안이다.

1. "직장에서 내 제안에 아무도 반응을 보이지 않으면 나는 걱정스러워."

2. "당신이 어떻게 그런 일을 할 수 있었는지 생각하면 나는 너무 당혹스러워."

3. "네게 이런 일이 일어나서 걱정스러워. 내게 그런 일이 일어났다면 나도 분개했을 거야."

4. "나는 피곤해."

5. "내가 돈을 벌고 자동차도 갖게 되어서 기쁘고 자랑스러워."

6. '깜짝 놀랐다'는 느낌을 표현한 것이다.

7. "네가 고의로 나를 성가시게 하는 것 같은 생각이 들어 나는 화가 나."

8. "이런 새로운 기술들을 도입하는 걸 보면 나는 걱정스럽고 마음이 무거워."

9. "내가 그들에게 한 행동을 생각하면 후회스러워."

10. "그녀가 집이 텅 빈 것을 알고 실망할 것을 생각하면 슬퍼."

♣ 앞의 예시 답안을 살펴보면서 그것들이 당신의 대답과 어떤 점에서 유사하고 다른지 생각해 보자. 『비폭력대화』의 '느낌과 느낌이 아닌 것' 부분에 나오는 단어 목록(예를 들자면, '버림받은' '학대받은' 등)을 살펴보면서, 다른 사람의 행동에 대한 당신의 생각이 아니라 느낌을 표현하는 단어들을 선택했는지 확인한다.

제5장 욕구를 의식함으로써 자신의 느낌에 대해 책임지기

개인 과제

[책 복습]

1. '자극'과 '원인'의 차이는 무엇인가?

2. 우리 안에서 특정한 느낌을 불러일으키는 '원인'은 무엇인가?

3. 듣기 힘든 말을 들었을 때 그것을 받아들이는 네 가지 선택은 무엇인가?

4. 자신의 느낌에 대한 책임을 인정하는 방식으로 말한다는 것은 어

떻게 말하는 것인가?

5. 죄책감을 행동의 동기로 이용할 때 그 뒤에 있는 기본적인 심리 과정은 무엇인가?

6. 자신의 느낌에 대한 책임의식을 높이는 방법으로, 마셜은 어떤 표현을 사용할 것을 제안하는가?

7. 무언가 원하는 것이 있을 때 사람들에게 그것을 직접적으로 말하는 대신 우리는 보통 어떻게 표현하는가? 그리고 그럴 경우에 우리는 대개 어떤 반응을 얻게 되는가?

8. 다른 사람들이 우리가 원하거나 부탁하는 것에 대해 연민으로 반응하기 쉽게 하려면 어떻게 하는 것이 좋은가?

9. 특히 여성들이 욕구를 표현하기가 어렵고 고통스러운 이유는 무엇인가?

10. 우리가 자신의 욕구를 표현하지 않을 때 나타날 수 있는 결과는 어떤 것인가?

11. 제5장에서 언급한 정서 발달의 세 단계에 대해 단계별로 각각 정의를 내려 보자.

[개인 연습]

1. 아래의 내용들을 적어 보자.
   - 특정한 느낌을 경험했던 상황을 간단히 묘사하고
   - 그때의 느낌을 의식하고
   - 그 느낌을 불러일으킨 자극을 찾고
   - 그 느낌의 원인을 찾아 본다.

2. 위의 1번 상황에서 네 가지 선택으로 반응했을 때, 각 선택에 대한 반응의 예를 적어 보자.

3. 죄책감을 이용하여 사람들을 조종하려고 하는 상황의 예를 들어 보고, 그러한 방법이 어떻게 작동하는지 설명해 보자.

4. 다른 사람의 느낌에 대해 '책임을 지는 것'과 다른 사람을 '연민으로 보살피기'의 차이점을 설명해 보자.

5. 아래에 나와 있는, 자신의 느낌에 대한 책임을 숨기는 표현 유형을 살펴보고 각각의 예를 들어 보자.
   - 비인칭 대명사의 사용
   - 오직 다른 사람의 행동만을 느낌의 원인으로 언급하는 것
   - '~하기 때문에 나는 ~을 느낀다.'라는 문장에서 '~하기 때문에' 의 주어로 '나' 아닌 다른 사람을 쓰는 표현

6. 5번에서 작성한 예문들을 '나는 ~을 느낀다. 왜냐하면 나는 ~하기 때문이다.'라는 표현을 사용하여 바꾸어 보자.

7. 자신의 삶에서 다음과 같은 욕구가 충족되지 않았던 상황을 생각해 보자.
   ● 자율성
   ● 축하
   ● 온전함
   ● 다른 사람으로부터 이해받기
   ● 다른 사람을 이해하기
   ● 공동체
   ● 평화

8. 정서적으로 자유로운 관계를 맺기까지 거치는 발달의 세 단계가 단선적인 과정으로 설명되고 있지만, 우리 대부분은 의식과 정서가 계속 성숙해 가는 동안 세 단계 사이를 왔다 갔다 하는 것을 경험한다. 당신의 삶에서 이 세 단계를 각각 설명할 수 있는 상황을 떠올려 볼 수 있는가?

[활동 1] 듣기 힘든 말을 들었을 때: 네 가지 선택

이 활동을 하는 데에는 다섯 명이 필요하다. 한 사람이 듣기 힘든 말, 예를 들자면 "네 의견을 다른 사람들에게 그런 식으로 계속 강요하는 건 정말 부당한 일이야."와 같은 예문을 만든 다음, 느낌을 실어서 이 말을 나머지 네 사람 각각에게 반복해 준다.

그 말을 들은 네 사람은 다음의 네 가지 중 각각 하나씩 선택하여 아래의 예에서 보듯이 자신의 선택을 나타내는 내면의 생각을 다른 사람이 들을 수 있도록 크게 말한다.

[예]

선택1: 상대의 말을 비난으로 듣고 자신을 탓한다.

'그래, 하긴 그렇지. 난 정말 너무 사람들을 조종하려고 들어. 우리 엄마하고 똑같이 행동하고 있어. 이러니 사람들이 나를 싫어하는 게 당연하지.'

선택2: 상대의 말을 비난으로 듣고 상대를 탓하는 사람은 다음과 같은 생각을 할 수 있다.

'그래, 잘한다. 이 바보가 제대로 듣기나 했다면 여기 있는 사람들이 모두 내 의견에 동의하고 있다는 것을 알게 될 텐데 말이야.'

선택3: 자신의 느낌과 욕구에 의식의 초점을 두는 사람은 이렇게 말할 수 있을 것이다.

'(한숨) 내가 이렇게 돕고 싶어서 애쓰는 것을 사람들이 좀 더 이해해 주었으면 하는데.'

선택4: 상대의 느낌과 욕구에 의식의 초점을 두는 사람은 다음과 같은 생각을 할 수 있을 것이다.

'음…… 저 사람은 우리가 모든 사람의 의견을 듣고 그것들이 모두 고려되었으면 하기 때문에 짜증이 난 건가…….'

이 활동이 끝나면 역할을 바꿔서 해 본다. 모임 수가 다섯 명보다 많거나 적은 경우에는 필요에 따라 조정한다. 참가자들이 앞의 다섯 가지 역할을 모두 한 번씩 돌아가면서 해 볼 수 있다면 가장 좋을 것이다.

참 고

이 활동을 할 때, 각각 다음과 같은 내용을 쓴 카드를 다섯 장 준비하여 사용하면 도움이 된다.

- (첫 번째 카드) 듣기 힘든 메시지
- (두 번째 카드) 선택1: 비난으로 듣고 자기 자신을 탓하기
- (세 번째 카드) 선택2: 비난으로 듣고 상대방을 탓하기
- (네 번째 카드) 선택3: 자신의 느낌과 욕구 의식하기
- (다섯 번째 카드) 선택4: 상대의 느낌과 욕구 의식하기

다섯 사람이 카드를 한 장씩 나누어 가지고 시작한 다음, 한 바퀴

가 끝나면 카드를 다른 사람과 바꾼다.

> ♣ 듣기 힘든 메시지를 만들어 네 가지 선택에 따른 반응을 혼자서 해 본
> 다. 각 선택에 따른 반응을 노트에 기록한다.

[**활동 2**] 지금 나의 욕구는 무엇인가?

A. 참가한 사람들이 다음 문장들을 차례로 돌아가면서 한 문장씩
읽고 가능한 욕구를 추측하게 해 본다.

 '어떤 모임에서 다음과 같은 생각이 들 때 나의 욕구는 무엇일까?'
라는 질문으로 이 활동을 시작한다.

1. '그 사람은 무책임해. 참석할 수 없을 때에는 누군가에게 알리기로
    우리 모두가 동의했잖아.'

2. '여기 있는 사람들은 모두 나보다 NVC를 더 잘 알고 있을 거야.'

3. '아니, 어떻게 저런 말을 하지? 정말 무책임하군.'

4. '저 여자는 항상 다른 사람들보다 시간을 더 많이 써.'

5. '치료가 필요한 사람은 전문가의 도움을 받아야 돼. 저런 이상한
    상황을 우리가 여기서 다룰 수는 없어.'

6. '이 회의는 참 지루하다.'

7. '이런 모임에서는 저런 무례한 성차별적 말을 쓰지 못하게 하는 규칙이 있어야 해.'

8. '내가 말할 때 목소리가 떨리지 않았으면 좋겠다.'

9. '저 사람, 또 시작이네……. 누군가가 저 사람 입 좀 다물게 했으면 좋겠다.'

10. '다음 주에 내 차례가 되어서 내가 진행자만 돼 봐라. 네가 나한테 그랬던 것처럼 너를 깔아뭉갤 테니까. 그게 어떤 건지 너도 좀 당해 봐라.'

11. '이 모임 사람들은 너무 차갑고 딱딱해.'

12. '저 사람이 늦게 와서 우리 모임의 시작을 방해한 게 이번이 세 번째야.'

13. '이렇게 머리 굴리며 하는 말들을 듣고 있자니 미치겠네.'

14. '나는 사람들이 저렇게 상냥하게만 하려는 걸 보면 참을 수가 없어. NVC가 좋게 좋게만 하는 게 아니라는 걸 모르나?'

15. '이봐요. NVC 연습모임에서는 NVC로 말하기로 되어 있잖아요? 이거야 정말!'

16. '사람들이 아무 준비 없이 모임에 와서 그저 숙제를 해 온 사람들의 답에만 기대는 것을 보면 속이 뒤집어져.'

> ♣ 앞의 활동들을 스스로 해 보고 노트에 당신의 대답을 적어 본다.

B. 이제 돌아가면서 앞의 각 문장들을 관찰, 느낌, 욕구로 바꾸어 말해 보자. 1번을 예로 들면 다음과 같다.

'그 사람은 무책임해. 참석할 수 없을 때에는 누군가에게 알리기로 우리 모두가 동의했잖아.'

바꾼 문장: '그 사람이 아무에게도 전화를 하지 않았다는 말을 들었을 때, 나는 실망스러워. 왜냐하면 우리가 함께 합의한 것은 모두 지켜지리라고 믿을 수 있기를 바라기 때문이야.'(욕구: 신뢰, 믿음, 성실)

> ♣ 텔레비전 드라마나 영화를 보면서, 등장인물들이 위와 같은 말을 할 때 그들의 욕구를 찾아서 노트에 적어 보자.

[활동 2A] 지금 나의 욕구는 무엇인가?

1. 신뢰, 존중, 배려

2. 유능함/자신감, 수용, 존중, 편안함

3. 이해, 공감, 솔직함, 신뢰

4. 상호성, 배려, 효율

5. 안전, 온전함, 유능함/자신감

6. 자극, 목적, 도전, 재미

7. 존중, 공동체, 지지, 배려

8. 수용, 유능함/자신감, 효율성

9. 배려, 연결, 자극

10. 공감, 이해, 지지

11. 수용, 따뜻함, 공동체

12. 협력, 존중, 질서, 배려

13. 연결, 의미, 진정성

14. 진정성, 연결, 이해

15. 협력, 믿음, 연결, 배움

16. 상호성, 감사, 지지

♧ 앞의 예시 답안들을 읽어 보고 당신의 답과 비슷하거나 다른 점에 대해 생각해 본다. 차이점과 관련하여 무엇을 깨달았는가? 이 예시 답안을 살펴본 후 당신의 대답을 어떻게 수정하겠는가?

[활동 2B] 바꾸어 보기

1. '우리 중 누구도 그 사람에게 오늘 못 온다는 연락을 받지 못했다는 말을 들었을 때, 나는 실망했어. 왜냐하면 나는 약속이 지켜지리라는 것을 믿을 수 있었으면 하기 때문이야.'

2. '여러분이 모두 욕구를 이렇게 빨리 찾는 것을 볼 때, 저는 좀 초조해집니다. 왜냐하면 저도 좀 잘했으면 하기 때문입니다. 그리고 한편 불안하기도 합니다. 왜냐하면 제가 이 모임에서 받아들여지기를 바라기 때문이죠.'

3. '저 사람이 자신은 이번 상황에 책임이 없다고 말하는 것을 들었을 때, 나는 화가 난다. 왜냐하면 나는 좀 더 이해받고, 또 공감도 받고 싶기 때문에.'

4. '바로 전에 저 사람이 대답하는 데 걸린 시간을 생각하면, 나는 조바심이 난다. 왜냐하면 나는 우리 모임의 시간을 좀 더 효율적으로 사용하고 싶으니까.'

5. '방금 있었던 상호작용을 보고 나서 나는 정말 걱정이 된다. 왜냐하면 나는 사람들의 정서적인 면이 잘 돌보아지기를 바라는데, 우리 모임이 그렇게 할 능력이 있는지 확신이 없기 때문에.'

6. '트레이너가 그 프로세스에 대해 설명하는 것을 듣자니, 지루하다. 왜냐하면 나는 뭔가 좀 더 새로운 것을 배우고 싶기 때문에.'

7. '우리 모임에서 저런 말을 사용하는 것을 들을 때, 나는 속상하다. 왜냐하면 나는 서로 존중하는 것이 중요하고, 또 어떤 사람들은 저런 말에 상처를 받을 수도 있다는 사실에 대해 좀 더 배려가 있

었으면 하기 때문이야.'

8. '긴장하면 내 목소리가 때로 떨리는 걸 생각하면, 나는 불안해. 왜 냐하면 나는 효과적으로 소통하고 내 뜻이 전해지기를 바라기 때 문에 더 긴장이 되니까.'

9. '저 사람이 또 입을 여는 것을 보니, 화가 나. 왜냐하면 나는 모든 사람이 이야기할 수 있는 기회를 공평하게 가지는 게 중요하기 때 문이야.'

10. '내 말이 끝나기도 전에 그 사람이 말을 하면, 나는 정말 속이 상 해. 왜냐하면 내가 이 모임에 기여하기 위해 기울이고 있는 노력 에 대해 좀 더 지지를 받았으면 하기 때문이야.'

11. '새로운 사람이 왔을 때 아무도 인사를 하지 않는 것을 보니, 마음 이 불편하다. 왜냐하면 나는 환영해 주고 받아 주는 공간을 소중 하게 여기기 때문이야.'

12. '저 사람이 세 번이나 연습모임이 시작된 다음에 오는 걸 봤을 때, 나는 짜증이 난다. 왜냐하면 나는 그가 자신의 행동이 모임의 흐름 에 어떤 영향을 주는지에 대해 좀 더 배려하는 것을 보고 싶거든.'

13. '네 말을 들었을 때, 나는 혼란스럽고 맥이 빠졌어. 왜냐하면 나

는 우리가 서로 마음으로 연결하고 이해하는 것을 바라기 때문이야.'

14. '오늘 저녁 모임 내내 칭찬, 찬사, 긍정적 판단들이 저렇게 많이 나오는 것을 들을 때, 나는 짜증이 난다. 왜냐하면 나는 진정성 있는 연결을 바라기 때문이야.'

15. '여기 대화에서 저렇게 많이 평가하는 말을 들을 때, 나는 걱정이 된다. 왜냐하면 나는 의식적으로 NVC를 연습하고 서로 솔직하게 공감으로 연결하는 데 시간을 쓰고 싶기 때문이야.'

16. '과제를 해 오는 사람이 항상 이 세 사람뿐인 걸 보면, 좀 아쉽다. 왜냐하면 나는 모든 사람이 똑같이 참여하고 할 일을 나누어 하기를 바라니까.'

> ♣ 앞의 예시 답안들을 읽어 보고 당신의 답과 비슷하거나 다른 점에 대해 생각해 본다. 예시 답안의 느낌말과 욕구말이 당신이 선택한 것보다 『비폭력 대화』에서 사용된 말들에 좀 더 가까운 사례가 있는가? 그러한 차이를 통해서 무엇을 깨달았는가? 예시 답안을 읽고 차이점을 발견한 경우, 예시 답안과 다른 대답을 한 것에 대하여 당신의 느낌과 욕구가 무엇인지 적어 본다.

제6장 삶을 풍요롭게 하기 위해 부탁하기

[책 복습]

1. NVC에서 '부탁'은 무엇인가? '부탁'의 목적은 무엇인가? 우리는 그 것을 어떻게 표현하는가? 그것은 강요와 어떻게 다른가? 그것이 부 탁인지 강요인지 우리는 어떻게 구별하는가?

2. 우리가 다음과 같이 부탁을 할 때에는 대개 어떤 결과가 생기는 가?
   - 모호하고 추상적인 말로 부탁했을 때
   - 우리가 원하는 것을 단지 느낌으로만 표현했을 때

3. 말하는 사람이 실제로 부탁할 때에도 우리는 가끔 그것을 강요로 듣는다. 그 이유는 무엇인가?

4. 마셜은 우리가 다른 사람에게 말을 할 때에는 언제나 상대에게 무엇인가를 요청하고 있는 것이라고 말한다. 우리가 상대에게 요청하고 있는 것 세 가지를 써 보자.

5. 우리가 방금 말한 것을 상대방에게 반복해 다시 말해 달라고 부탁하는 이유는 무엇인가?

6. 우리가 한 말을 다시 말해 달라고 부탁했을 때 상대방이 기분 나빠한다면, 우리는 무엇을 할 수 있는가?

7. 모임에서 이야기할 때 우리가 모임으로부터 원하는 바가 무엇인지 분명히 하는 것이 중요한 이유는 무엇인가?

8. 마셜이 '버스(bas)'라고 말하는 인도의 관습에 대해서 이야기하는 이유는 무엇인가?

9. NVC를 사용하는 목적은 무엇인가? NVC의 사용이 적절하지 않은 경우도 있는가?

10. 강요를 나타내거나 강요와 연관된 의미를 가진 단어들을 몇 가지

써 보자.

[개인 연습]

1. 만족스럽지 못했던 누군가와의 상호작용을 생각해 본다. 그때 구
   체적이고 긍정적인 행동언어를 쓰면서 할 수 있었던 부탁의 말을
   하나 이상 써 본다.

2. 앞의 상황에서 상대방에게 당신의 관찰, 느낌, 욕구를 어떻게 말할
   수 있을지 써 보고, 다음과 같은 부탁도 적어 보자.
   ● 상대방의 느낌을 물어보는 부탁
   ● 상대방의 생각을 물어보는 부탁

3. 다른 사람들과 이야기할 때 우리가 상대방으로부터 원하는 것에
   대한 의식을 강화하려면 무엇을 할 수 있을까?

4. 상대방에게 우리가 방금 한 말을 되풀이해 줄 것을 부탁할 때 쓸
   수 있는 말을 적어 보자.

5. 앞의 4번에서 우리의 부탁을 듣고 상대방이, "네가 말한 것들을 되
   풀이해 달라니……. 너와 이야기하는 건 정말 너무 힘들어. 너는
   나를 바보로 아는 거니?"라고 말한다면 우리는 어떻게 반응할 수
   있을지 적어 보자.

6. 회의 자리나 모임에서 당신이 한 말(또는 당신이 이야기한다고 상상하는 말)을 떠올려 본다. 당신은 자신이 원하는 것을 명확하게 말했는가? 만약 아니라면 어떻게 하면 그럴 수 있을까?

7. 누군가에게 무엇을 부탁했던 구체적인 상황을 생각해 본다. 그것은 부탁이었나? 아니면 강요였나? 그리고 그것을 어떻게 알 수 있는가?

8. 스스로에게 말할 때 그것이 강요인지 부탁인지 주의를 기울여 보고 그 예를 들어 보자.

진행자를 위한 안내

1. 이 장에서 '부탁'을 강조하고 있지만, 부탁은 자신이나 다른 사람과 마음으로 연결하는 대화 방법인 NVC를 구성하는 한 요소일 뿐이라는 점을 사람들에게 환기시킨다. 우리의 욕구를 충족하기 위해서는 구체적인 행동을 부탁하는 것이 중요하다. 그러나 완벽하게 NVC 공식에 맞게 부탁을 하더라도 그것이 항상 받아들여지는 것은 아니다. 충족하려는 자신의 욕구와 계속 연결하려고 애쓰는 한편, 그 욕구를 충족할 수 있는 방법에는 다양한 부탁, 행동, 해법 등이 있을 수 있다는 점을 기억하자.

2. 우리가 상대방과 'NVC 댄스'(서로 존중하는 대화)를 한다면, 그때 나온 '해결책'은 우리가 처음 상대방에게 했던 부탁과 닮은 점이 하나도 없을 수 있다. NVC로 부탁을 하는 것은 NVC 댄스를 계속하기 위해서이지, 원하는 것을 얻는 데 얼마나 성공적인가를 테스트하려는 것이 아니다. 아울러, NVC에서 자주 하는 연결부탁 두 가지도 기억하자.

- **공감을 위한 부탁:** "방금 제가 한 말을 어떻게 들으셨는지 말씀해 주실 수 있겠어요?"
- **솔직한 반응을 알기 위한 부탁:** "제가 이렇게 말하는 것을 듣고 어떻게 느끼셨는지 말씀해 주시겠어요?" 또는 "방금 제가 말씀드린 것(어떤 구체적인 항목)에 대해 어떻게 생각하시는지 말씀해 주실 수 있겠어요?"

[활동 1] NVC의 네 요소를 포함하는 형식으로 표현하기

누군가가 다음과 같이 말한다고 상상해 보고, 각각의 경우를 NVC의 네 요소를 사용하여 바꾸어 보자. 이때 부탁의 내용이 긍정적인지, 구체적인지, 또 바로 실행할 수 있는 것인지에 특히 주의한다.

1. "댁의 개가 방금 우리 집 잔디밭에 똥을 쌌어요."

다음과 같은 형식으로 바꾸어 본다. "댁의 개가 ＿＿＿＿하는 것을 보았을 때,[관찰] 나는 ＿＿＿＿를 느껴요.[느낌] 왜냐하면 나는 이 중요하기 때문입니다.[욕구] 그러니 ＿＿＿＿해 주시겠어요?[부탁]"

2. "나한테 그렇게 욕을 하면서 네가 나한테서 원하는 것을 얻을 것 같니?"

3. "그 뮤추얼펀드에 돈을 투자하면 무기 회사, 담배 회사, 노동 착취 공장, 그리고 우리가 이 세상에서 바꾸려고 하는 그 모든 것들을 도와주는 셈이 되는 거야."

4. "이 수프는 칼로리가 너무 많은 것 같다."

5. "우리 회사는 팀워크를 무엇보다 중요하게 생각합니다. 만일 당신의 생각이 이와 다르다면 다른 일을 찾아보는 게 좋을 거예요."

6. "얘들아, 손전등은 장난감이 아니야. 쓸데없이 건전지 낭비하지 마. 그것도 다 돈이란 말이야."

7. "너는 도대체 학교 수업 시간에 어디를 가려는 거니?"

8. "그렇지만 2주 전에, 당신은 내가 이번 달에 주말을 끼고 며칠 휴가를 내도 괜찮다고 말했잖아요."

9. "여보, 애기가 지금 막 토했어."

10. "당신이 방금 한 말, 그건 NVC가 아니에요."

♣ 앞의 활동들을 스스로 해 보고, 노트에 당신의 답을 적어 본다.

[활동 2] 욕구를 충족하기 위한 부탁

구성원들에게 각자의 삶에서 자신의 욕구가 충족되지 않았던 상황을 조용히 생각할 수 있도록 1분 정도를 준 다음, 그 충족되지 않았던 욕구에 관해 자기 자신이나 다른 사람에게 할 수 있는 부탁 말을 만들어 보라고 요청한다.

1. 만들어 놓은 부탁 말을 한 사람씩 한다.
   "~을 해 주실 수 있겠어요?"

2. 다른 사람들에게 자신의 상황이 명확하지 않다 싶으면, 한두 문장으로 간단하게 설명한다. 앞의 형태로 말한 부탁이 긍정적이고 바로 실행할 수 있는 것이라고 모든 사람들이 동의하면, 다음 사람으로 순서를 옮긴다.

♣ 앞의 활동들을 스스로 해 보고, 노트에 대답을 적어 본다. 스스로 자신의 부탁을 받는 사람의 입장이 되어 다음과 같은 질문을 해 본다. '내가 이 부탁을 듣는다면 해 달라는 구체적인 행동이 무엇이고, 언제 해 달라는 것인지 알 수 있을까?'

[활동 1] NVC의 네 요소를 포함하는 형식으로 표현하기

1. "댁의 개가 우리 잔디밭에 똥을 누는 걸 봤을 때, 화가 나요. 우리
   아이들이 거기서 놀기 때문에 잔디가 안전하고 깨끗한 공간이기
   를 원하거든요. 그 똥을 비닐봉지에 담아서 치워 주시겠어요?"

2. "네가 나에게 그런 식으로 말하는 걸 들으면, 나는 화가 나. 나에겐
   서로 협력하고 의견 차이를 평화롭게 해결하는 게 중요하기 때문
   이야. 네가 나를 어떻게 생각하는가보다는 네가 느끼는 것과 원
   하는 것이 무엇인지 말해 줄래?"

3. "네가 뮤추얼펀드에 돈을 투자했다는 말을 듣고, 난 실망했어. 왜
   냐하면 나는 우리의 자원을 무기나 담배, 노동 착취 공장보다 우
   리가 진정 가치를 두는 것에 썼으면 하거든. 내가 이렇게 말하는
   것을 듣고 어떤 느낌이 드는지 말해 줄 수 있겠니?"

4. "난 내 건강에 유의하고 싶기 때문에, 이 수프의 칼로리가 걱정이
   돼. 수프 대신에 국수 한 그릇 줄 수 있겠니?"

5. "당신의 리포트를 읽고, 좀 걱정이 됩니다. 저는 팀워크에 가치를 두고 있고, 우리가 거기에 동의하고 있다는 걸 확인하는 게 중요합니다. 우리가 이 일을 하는 데 우선순위를 어디에 둘지에 대해 서로 의논할 시간 약속을 잡을 수 있겠습니까?"

6. "너희들이 담요 속에서 손전등을 가지고 노는 것을 보면, 선생님은 걱정이 돼. 나는 이 손전등을 우리가 위급한 상황에서 제대로 쓸 수 있도록 잘 놓아 두었으면 하거든. 그것을 있던 자리에 갖다 놔 줄래?"

7. "학교 시간 도중에 네가 학교 밖으로 걸어 나오는 것을 봤을 때, 나는 놀랐어. 나는 이해가 좀 필요한데, 어디 가는 건지 말해 줄래?"

8. "제가 이번 달에 주말을 끼고 며칠 휴가를 떠나는 것이 안 된다고 말씀하시는 걸 듣고, 2주 전엔 괜찮을 거라고 말씀하셨던 것이 기억나서 저는 좀 좌절스럽고 혼란스러워요. 저는 좀 더 명확한 것이 필요하고, 우리가 정확하게 소통하고 있다는 확신이 필요해요. 방금 제가 드린 말씀을 어떻게 들으셨는지 말씀해 주실래요?"

9. "애기가 토하는 것을 보니, 나는 속이 좀 메슥거려. 난 위생적이고 깨끗한 환경이 중요하거든. 아기가 토한 것 좀 치워 줄래?"

10. "당신이 나를 '부담스러운 사람'이라고 말하는 것을 들었을 때, 나

는 화가 나요. 왜냐하면 나는 이해받기를 원하기 때문에 그러는데, 먼저 내가 어떤 말이나 행동을 했을 때 '부담스럽다'고 보게됐는지 말해 주실 수 있겠어요?"

♣ 앞의 예시 답안들을 읽어 보고, 당신의 답과 비슷하거나 다른 점에 대해 생각해 본다. 그러한 차이점과 관련하여 무엇을 깨달았는가? 예시 답안을 살펴본 후 당신의 대답을 어떻게 수정하겠는가?

제7장 공감으로 듣기

개인 과제

[책 복습]

1. NVC를 구성하는 '두 부분'과 '네 요소'는 무엇인가?

2. 공감(Empathy)이란 무엇인가?

3. 다른 사람을 공감하기 위해서는 어떤 마음가짐이 필요한가?

4. 사람들은 다른 사람이 고통이나 불만을 표현하는 말을 들었을 때 공감하는 대신 어떤 다른 방법으로 반응하는 경향이 있는가?

5. 마셜이 딸에게 "넌 예쁘고 멋져."라고 말했을 때, 딸이 문을 쾅 닫고 나가 버린 이유는 무엇인가?

6. 다른 사람을 머리로 이해하는 것과 공감을 하는 것의 차이는 무엇인가?

7. 동정과 공감의 차이는 무엇인가?

8. NVC에서 다른 사람의 말을 들을 때 우리가 특히 귀 기울여 듣는 것들은 무엇인가?

9. 마셜이 '당신은 ~을 원하기 때문에 불만스러운가요?'와 같은 표현을 사용하라고 권장하는 이유는 무엇인가?

10. 누군가가 당신에게 불편한 감정을 표현할 때, 그들의 생각 대신에 그들의 욕구에 귀 기울여 듣는 것이 주는 이점은 무엇인가?

11. '바꾸어 말하기(paraphrasing)'의 목적은 무엇인가?

12. NVC에서 '바꾸어 말하기'는 어떻게 하는 것인가?

13. NVC의 '바꾸어 말하기'와 '직설적으로 질문하기'의 차이는 무엇인가? 또, '바꾸어 말하기'가 가진 이점은 무엇인가?

14. 당신에게 강한 감정이 일어나서 누군가에게 직설적으로 질문을 하고 싶을 때, 마셜은 우선 무엇을 하라고 제안하는가? 그리고 그 이유는 무엇인가?

15. 당신은 어떤 상황에서 다른 사람이 한 말을 바꾸어 말해 주고, 또 어떤 상황에서는 그렇게 하기를 꺼리는가?

16. 우리가 상대의 말을 바꾸어 말해 줄 때 상대가 그에 대해 부정적으로 반응한다면, 우리는 어떻게 할 수 있는가?

17. 사람들이 가져온 문제에 대해 성급하게 그들이 해결책을 찾는 것을 돕는 쪽으로 나아가지 말라고 마셜이 우리에게 주의를 주는 이유는 무엇인가?

18. 우리는 상대가 충분한 공감을 받아 이제 앞으로 나아갈 준비가 되었는지를 어떻게 알 수 있는가?

19. 우리는 왜 고통을 겪고 있는 사람을 공감해 주지 못하는가?

20. 상대방이 공감을 필요로 한다는 것을 알지만 우리 스스로가 너무 힘들어 공감을 해 줄 수 없을 때, 우리는 무엇을 할 수 있는가? 할 수 있는 일을 몇 가지 생각해 보자.

[개인 연습]

1. '온 존재로 누군가의 말을 들어 주었던' 경험을 떠올려 보자.

2. 우리의 공감 능력에 도움이 되는 내적인 조건과 외적인 조건은 무엇인가? 또, 그러한 능력에 방해가 되는 조건은 무엇인가?

3. 당신이 다른 사람에게 어떤 고통스러운 이야기를 나누었다가 '공감으로 연결하는 데 방해가 되는 장애물'(제7장)에 나오는 반응을 경험한 적이 있다면 두 가지 정도 써 본다. 각각의 경우에 당신은 그 반응에 만족했는가? 만족하지 않았는가? 그 이유는 무엇인가?

4. '다른 사람과 공감으로 연결하는 데 방해가 되는 장애물'(즉 공감하기보다는 무엇인가 하려는 경향을 가진 행동들의 목록)을 살펴보자. 그중에서 당신에게 특히 익숙한 것은 무엇인가? 당신이 그 목록에 있는 방식으로 반응했던 경우를 두 가지 정도 떠올려 보자. 각각을 아래의 요소를 넣어서 두 줄 정도의 대화로 간략히 써 보자.
   - 자신의 고통을 표현하며 상대가 한 말
   - 당신이 그에 대해 반응하며 한 말(목록에 있는 열 가지 행동 중 어떤 것이었나?)

5. 앞의 4번에서 '당신이 반응하며 한 말'을 공감하는 말로 바꾸어 보자.(물론 실제로는 침묵을 통한 공감일 수도 있다.) 공감은 다른 사람의 느

낌과 욕구를 머리로 이해하는 것이기보다는 느끼거나 추측하는 것임을 기억하자. 물론 말로 공감할 경우, 우리의 추측이 정확하지 않을 수도 있다. 그러나 우리의 정확하지 않은 추측에 대한 상대의 반응을 통해 우리는 상대를 더 정확히 이해하는 데 한 걸음 다가 갈 수 있기를 바라는 것이다.

6. 앞의 3번에서 기술한 내용으로 다시 돌아가서, 각각의 경우에 상대로부터 받고 싶었던 공감 어린 반응을 상상해 보자.

7. 다른 사람의 말을 바꾸어 말해 주기로 선택했던 때와 그러지 않기로 했던 때를 써 보자. 둘 사이에는 어떤 차이가 있는가?

8. 마셜은 "더없는 행복을 느끼려면 다른 사람이 나를 어떻게 생각할까 하는 생각을 내려놓아야 한다."라는 조지프 캠벨의 말을 인용하고 나서, 전에 비판이나 비난으로 들리던 말이 선물, 즉 고통을 겪는 사람에게 공감을 해 줄 수 있는 기회로 보이기 시작할 때 우리는 더없는 행복을 느끼기 시작한다고 말하고 있다.
겉으로 보기에 가혹하고 듣기 힘들었던 상대의 말 뒤에 있는 느낌과 욕구를 당신이 들을 수 있어서 행복한 방향으로 갈 수 있었던 상황, 즉 다른 사람의 행복에 기여하는 데 힘을 쓸 수 있었던 상황을 떠올릴 수 있는가?

9. 다른 사람의 말을 되풀이하여 말해 주었을 때 당신의 의도가 무엇

이기를 바라는가? 그리고 그것이 특정한 상황에서 당신의 의도임을 어떻게 확신할 수 있는가?

> ♣ 당신의 입에서 나와 세상 밖으로 나가는 말과, 그 말 뒤에 담긴 의도에 대해 생각해 보자. 그 의도가 NVC와 부합하는지 아닌지를 의식할 수 있는 능력을 키우기 위해 당신이 할 수 있는 일은 무엇인가?

진행자를 위한 안내

지금까지 NVC의 두 부분과 네 가지 요소를 배웠다. 이제부터 모임 활동은 더 구조화된 기본 연습과 더불어 역할극(제3부 '함께 연습하기' K 단원 참조), 공감세션(제3부 '함께 연습하기' J 단원 참조), 그리고 실시간 상호작용하기(제3부 '함께 연습하기' I 단원 참조) 등으로 이루어진다.

[**활동 1**] 간단한 공감 연습

다음은 공감 연습을 위한 여섯 개의 간단한 연습 문제이다.

1. 직장에서 누군가가 당신에게 말한다:

"오늘 프레젠테이션 생각하느라 어제 새벽 3시까지 잠을 못 잤어. 그래서 오늘 아침에 맑은 정신으로 하려고 커피를 많이 마셨는데…… 지금 머리가 깨질 것처럼 아파! 왜 나는 중요한 일이 있을 때마다 두통이 생기는 걸까?"

- 마지막 문장의 상대방 질문에 대해 대답함으로써 이 상황을 지적으로 이해하는 반응을 해 보자.
- 동정을 나타내는 반응을 해 보자.
- 조언을 하는 반응을 해 보자.
- 공감을 말로 표현하는 반응을 해 보자.

2. 회의에서 당신이 한창 말을 하는 도중에 어떤 사람이 갑자기 당신을 쳐다보면서 말한다.

"당신은 정말 다른 사람이 말할 기회를 주지 않는군요?"

이 사람에게 다음과 같이 함으로써 공감으로 반응해 보자.
- 이 사람의 관찰이 무엇인지 느껴 보고 그것을 반영해 준다.
- 이 사람의 느낌과 욕구가 무엇인지 의식해 보고 그것을 반영해 준다.
- 이 사람의 부탁이 무엇인지 추측해 보고 그것을 반영해 준다.

3. 다음은 같은 집에 사는 두 사람의 대화이다.

A: "너는 나갈 때 불을 끄는 것을 그렇게 한 번도 기억을 못 하니."

B: "짜증 나니? 내가 자원에 대한 의식을 좀 더 가졌으면 좋겠니?"

두 사람에게 앞의 대화를 큰 소리로 읽게 한 다음, 모두가 한 사람씩 B의 역할을 맡아 그의 말을 다음과 같은 방식으로 반복해 보자.
- 약간 비아냥대는 억양으로
- 서술 식으로
- 이해를 담아 공감하는 식으로

이렇게 서로 다른 억양으로 말한 것을 듣고 각자가 느낀 점들을 짧게 토론해 본다.

4. 당신과 다른 사람이 서로에게 화가 난 상황을 떠올려 본다. 당신은 상대에게 너무 화가 나서 그에게 공감해 줄 수 없다는 것을 알고 있다.

- 당신이 'NVC로 소리 지르기'를 선택했다면 상대방에게 어떤 말을 했을지 써 보자.(필요하면 마셜의 책, 제7장 마지막 부분에 있는 '비폭력적으로 소리 지르기'를 참조한다.)
- 당신이 스스로에게 '응급치료용' 자기 공감을 하기로 선택했다면 어떤 말을 했을지 써 보자.

5. 상대방에게 당신이 한 말을 바꾸어 말해 달라고 부탁했을 때 상대방이 그에 대해 꺼린다는 느낌을 받았다면, 그에게 어떤 말을 해 주겠는가?

6. 누군가가 당신에게 말한다.
"당신이 한 말을 우리가 되풀이해서 확인해 주기를 원한다는 것은 알겠지만, 우리는 지금 다뤄야 할 문제가 있습니다. 할 일이 있단 말입니다. 수다로 하루를 보낼 순 없다구요."

NVC를 사용하여 그와 짧은 역할극을 해 보자.

♣ 앞의 활동들을 스스로 해 보고, 노트에 자기 대답을 적어 본다.

예시 답안

[활동 1] 간단한 공감 연습

1. 예시 답안
- "그것은 아마 네가 중요한 일을 앞두고 있을 때 많이 긴장하기 때문이거나, 아니면 스트레스와 수면 부족, 그리고 카페인 과다 섭취가 한꺼번에 작용한 탓일 거야."
- "네가 어떤 느낌인지 내가 정말 알아! 중요한 프레젠테이션을 앞두고 있는 순간에 이런 두통에 시달리는 건 정말 괴로운 일이야."
- "여기 얼음주머니를 머리에 올리고 10분 정도 누워 있어 보면 어떻겠니?"
- "오늘 프레젠테이션을 좋은 컨디션에서 맑은 정신으로 생동감 있게 진행하고 싶기 때문에 좌절스럽니?"

2. 예시 답안
- "피터가 지도를 가리켰을 때 제가 '오! 아니, 아니야! 그게 아니라구!'라고 말했던 것에 대해서 말씀하시는 건가요?"
- "모든 사람이 다 말할 기회가 있기를 바라기 때문에 불편하신 건가요?"
- "모두가 돌아가며 이야기를 한 번씩 다 한 다음에 제가 다시 말

하기를 바라시는 건가요?"

3. 예시 답안 없음

4. 예시 답안

- "그만! 그만, 제발 그만해! 난 도움이 필요해! 네 말도 듣고 싶지만 지금 나는 당장은 너무 화가 나서 그럴 수가 없어. 정말 절망스러워! 우리, 좀 진정하고 천천히 하자! 내가 지금 한 말을 어떻게 들었는지 말해 줄 수 있니?"

- "저 여자 진짜 미쳤군! 아참! 자기 공감……. 저 사람이 하는 소리를 듣고 난 충격을 받았어, 정말 충격이야. 나는, 난……. 이해, 무엇보다 저 사람이 왜 그랬는지에 대한 이해가 필요해. 그건 말도 안 되는 얘기야. 난 정말 뭐가 뭔지 모르겠고 당황스러워. 뭔가 분명한 게 필요해. 정말이지 혼란스러워……. 슬퍼, 정말 슬퍼, 그리고 실망스러워. 난 우리가 같이 일하고, 한 팀이 되어서로 지원하는 걸 꿈꿔 왔는데……. 그리고 신뢰할 수 있기를 바라는데. 모두가 그럴 거라고 생각했었는데 말이야. 혼란스럽고, 슬프고, 마음이 아프다……. 나는 저 사람이 왜 그렇게 했는지 이해하고 싶고, 또 내가 어떻게 느끼는지도 이해받고 싶어."

5. "처음에는 그게 좀 어색할 수도 있다는 걸 알아. 그래도 내가 한 말을 들은 대로 말해 줬으면 정말 고맙겠어. 내가 나의 뜻을 정확하게 전했다는 것을 아는 게 중요하거든. 우리가 연결되는 게 나

한테는 아주 큰 의미가 있기 때문이야."

6. 예시 답안

A: "당신이 한 말을 우리가 되풀이해서 확인해 주기를 원한다는 것은 알겠지만, 우리는 지금 다뤄야 할 의제가 있습니다. 할 일이 있단 말입니다. 수다로 하루를 보낼 순 없다구요."

B (NVC로): "우리가 계획한 일을 다 하리라는 확신이 필요하신가요?"

A: "당연하죠. 의논해서 결정을 해야 할 일들이 오늘 아주 많아요."

B (NVC로): "그래서 약간 조바심이 나시나요? 그리고 오늘 우리가 하는 논의가 효율적이고 명확한 것이 되리라는 확신이 필요하신가요?"

A: "바로 그거예요."

B (NVC로): "그렇게 말씀해 주셔서 감사합니다. 저도 같은 것을 원합니다. 그리고 저는 한 사람이 말하기 전에 그 이전 사람이 한 말을 되풀이해서 확인해 주면 우리의 이런 욕구가 더 잘 충족되리라는 확신이 있습니다. 한번 해 보실 의향이 있으세요?"

> ♣ 앞의 예시 답안을 읽고 당신의 답과 비슷하거나 다른 점에 대해 생각해 본다. 그러한 차이점과 관련해 무엇을 깨달았는가? 예시 답안을 살펴본 후 당신의 대답을 어떻게 수정하겠는가?

공감의 힘

개인 과제

[책 복습]

1. 인본주의 심리학의 창시자인 칼 로저스와 초등학생 밀리가 공통
   으로 이해한 것은 무엇인가?

2. 우리가 자신의 내면을 솔직하게 드러내는 것을 가장 꺼리게 되는
   때는 언제인가? 우리는 그런 상황에서 무엇을 할 수 있는가?

3. 당신에게 "아니요(No)!"라고 말하는 사람에게 공감하는 것이 매
   우 중요한 이유는 무엇인가?

4. 화난 사람의 앞에서는 "하지만(But)"이라고 말하는 것을 주의해야 하는 이유는 무엇인가?

5. 마셜에 따르면, 대화가 늘어지거나 생기를 잃는 이유는 무엇인가? 그런 대화에 생기를 되살릴 수 있는 방법은 무엇인가?

6. 우리 대부분에게 '끼어들기'는 사회적 금기이다. 무엇이 마셜에게 다른 사람이 말하고 있는 중간에 끼어들 수 있는 용기를 주었나?

7. 말도 하지 않고 우리의 질문에 대답도 하지 않는 사람과 같이 있을 때 우리는 무엇을 할 수 있는가?

[개인 연습]

1. 갈등을 경험한 상황을 두 가지 떠올려 보자. 하나는 당신이 '윗사람'(예를 들자면, 권위자)이라고 여기는 사람과의 갈등이고, 다른 하나는 당신의 부하이거나 어떤 식으로든 당신에게 의존하고 있는 사람(아이나 당신을 위해 일하는 사람 등)과의 갈등이다. 각 상황에서 상대를 공감하기 위해 어떻게 말하겠는가? 어느 쪽을 공감하는 것이 쉬운지, 혹은 어려운지, 차이를 인식해 보자.

2. 클리블랜드 거리의 갱들은 "오! 저~런. 마음이 상하셨다네! 안됐네!"라며 마셜을 비웃었다. 만약 당시에 마셜이 '듣기 힘든 말을 들

었을 때의 네 가지 선택'을 사용했더라면 각각의 경우 어떻게 반응했을지 써 보자.

- 자신을 비난하는 선택을 한 경우
- 다른 사람을 비난하는 선택을 한 경우
- 자신의 느낌과 욕구에 귀 기울이는 선택을 한 경우
- 다른 사람의 느낌과 욕구에 귀 기울이는 선택을 한 경우

3. 당신이 생각하기에 누군가가 당신을 비웃거나 조롱하고, 또 당신의 고통을 재미있어 하거나, 해칠 의도로 괴롭히거나 앙갚음하려고 했던 상황을 떠올려 보자.
   - 그 상황을 다시 떠올려 보면서, 시간을 가지고 천천히 내면에서 일어나는 느낌과 감각에 머물러 보자.
   - 어떤 느낌과 욕구를 의식했는가?(느낌과 욕구는 여러 가지일 수도 있다.)

4. 당신이 다른 누군가를 비웃었거나, 그 사람의 고통을 즐겼거나, 또는 고의로 그들의 마음을 상하게 했던 상황을 떠올릴 수 있는가? 만약 그렇다면, 그때 당신이 느꼈던 느낌에 공감해 보자. 그 사람이 고통에 빠진 것을 보면서 느꼈던 즐거움 외에 다른 어떤 것을 느꼈는가? 그 당시에 충족되었거나 충족되지 않은 당신의 욕구는 각각 무엇인가?

5. 앞의 3번 상황으로 돌아가서, 이번에는 당신의 고통을 상대방이

즐기고 있는 것처럼 보일 때에도 그의 내면에서 일어나고 있는 느낌과 욕구를 감지함으로써 그 사람에게 공감할 수 있는지 살펴보자.

6. 아주 가까운 사람들보다는 낯선 사람이나 잘 알지 못하는 사람에 대해 공감하는 것이 더 쉽다고 생각되는 이유는 무엇인가?

7. "아니요(No)!"를 "예(Yes)!"로 바꾸는 연습을 해 보자. 우리가 어떤 것에 "아니요!"라고 말할 때, 실제로 우리는 또 다른 어떤 것에 대해 "예!"라고 말하고 있는 것이다. 예를 들자면, 함께 아이스크림 먹으러 가자는 말에 대해 내가 "아니요!"라고 말하는 이면에는, 내가 안전하게 느끼는 장소에 남아 있는 것에 대한 "예!"가 있을 수 있다. 당신이 누군가에게 "아니요!"라고 말했던 두세 가지 사례를 떠올려 보자. 당신의 "아니요!" 뒤에 있었던 "예!"는 무엇인가? 당신이 원했거나 필요로 했던 것을 긍정문의 형태로 표현해 보자.

8. 누군가와 대화를 하면서 지루하다고 느꼈던 순간을 떠올려 보고, 그때 NVC를 사용했다면 어떻게 말할 수 있었을지 적어 보자. 그런 상황에서 대화를 다시 생기 있게 하기 위해 할 수 있는 말들의 예를 두 가지 써 보자.

9. 상대방이 말도 하지 않고 당신의 질문에 대답도 하지 않았던 상황을 떠올리거나 상상해 보자.

- 당신의 느낌과 욕구는 무엇인가?
- 상대방의 느낌과 욕구는 무엇일까?
- 그런 상황에서 상대방에게 어떻게 공감을 표현할 수 있을까?
- 자신에게 '자기 공감'을 한다면 어떻게 표현할 수 있을까?

10. 173쪽에 나오는 표, '판단을 자기 공감으로 바꾸어 보기'의 내용을 살펴보자.
- 한 여자가 이 표의 윗부분에 나와 있는 말(이 말들은 '자극'이다)을 듣고 있다.
- 여자는 상대의 말을 비난과 비판으로 듣고, '이 사람이 도대체 왜 이러는 거야.'라고 생각한다.(표의 왼쪽에 있는 '삶을 소외시키는 생각들')
- 그녀는 자신의 그런 생각들을 알아차리고, 그 생각들 때문에 자신이 고통을 느끼고 있음을 인식한다. 그래서 그녀는 그 생각들을 '자기 공감'으로 바꾸어 보려고 의식적으로 노력한다.(표의 오른쪽에 있는 '자기 공감') 그녀는 '이 사람이 도대체 왜 이러는 거야.'라고 생각하기보다 자신의 욕구에 초점을 둔다면 그 욕구를 충족시킬 가능성이 훨씬 커지리라는 것을 알고 있다.

자신의 습관적인 생각을 다른 말로 바꾸어서 자신에게 말하고 있는 이 예문은 자기 공감의 본질인 비언어적인 면을 잘 보여 주지는 못하고 있다. 자기 공감은 일단 멈추고서 우리가 내면에서 경험하고 있는 것에 온전히 초점을 둘 때 가능하다. 자기 공감은 우리가 느끼고 있는 것에 대해 '생각하는 것'이 아니다. 자기 공감은 우리가 느끼고 있는 것을 '느끼는 것'이고, 밀려오는 감정이 무엇이든 움츠러들거나, 바꾸려고 하거나, 머리로 올라가지 않고 열린 마음으로 수용하는 것이다. 우리의 충족되지 않은 욕구를 성공적으로 나타낼 정확한 말을 찾아내는 것이 아니라, 우리 안에서 그 충족되지 않은 욕구가 보내는 그리움과 동경을 온전히 느끼는 것이다. 자기 공감은 순간을 모면하기 위한 '임시방편'이 아니다. 그것은 시간이 필요한 프로세스이다. 만일 우리가 그 프로세스를 끝까지 마칠 수 있다면, 그것은 하나의 전환의 경험이 되어 우리에게 깊은 통찰과 해방감을 가져다줄 터이다.

참고

우리는 때때로 '부정적'이라고 생각하는 느낌 속에 빠져 '허우적거리게' 되지 않을까 걱정한다. 또, 그런 느낌에 집중함으로써 혹시 그 느낌을 키우게 되는 것은 아닐까 두려워한다. 자기 공감은 그것이 어떤 느낌이든지 간에 그것을 밀어내거나(거부) 붙잡고 있지(연장) 않으면서, 있는 그대로 그 느낌에 머물러 수용하는 것이다.

우리는 '느껴야 치유할 수 있다'는 것을 머리로는 알고 있지만, 즐겁지 않은 느낌은 피하려는 경향이 있다. '허우적거린다'는 것은 우리가 순간순간의 느낌에 온전히 머물러 있기보다는 우리에게 그런 느낌들을 일으킨 상황이나 그 느낌 자체에 대해 두고두고 생각한다는 것을 뜻한다. 어떤 느낌에 빠지거나 그것을 부정하는 대신에 그 느낌에 직면하는 것, 즉 그 순간 '온 존재로 있는 것'(현존)을 각자가 체험해 보고 그 의미를 발견할 필요가 있다.

11. 어떤 상황에서 외부 자극이 당신 안에서 습관적인 사고방식을 자극하여 대응하게 하는지 찾아보자.

- 그 자극을 평가가 섞이지 않은 관찰의 형태로 적어 보자.
- 위의 관찰에 자극되어 생기는 삶을 소외시키는 생각들을 적어 보자.
- 이러한 생각들을 번역해서 바꾸어 써 보자. 당신의 느낌은 무엇인가? 그리고 이런 생각들 뒤에는 어떤 충족되지 않은 욕구가 있는가? 어떤 느낌과 욕구가 떠오르든 그것에 조용히 머물러 보자. 당신의 내면에서 일어나는 경험에 온전히 머물러 있을 때 어떤 일이 일어나는지 살펴보자. 밀려오는 감각이나 감정들, 그리고 머릿속에 떠오르는 옛 기억들을 살펴보자.
- 이 프로세스를 모두 마쳤다는 생각이 들면, 새롭게 찾은 느낌과 욕구, 그리고 인상적이라고 느꼈던 것들을 적어 보자.

판단을 자기 공감으로 바꾸어 보기

[자극하는 말]

"당신 어머니가 1년 전 넘어졌을 때 혹시 뼈가 부러지지 않았는지 확인해 보지 않았다니 도저히 믿을 수가 없군. 그때 바로 어머니를 병원에 모시고 가서 엑스레이를 찍었어야지. 그랬다면 일이 쉬웠을 거고, 어머니도 지금 괜찮았을 거야. 일이 이렇게 되도록 내버려두지 말았어야지. 이제 어머니는 다시는 걸을 수 없게 됐잖아."

삶을 소외시키는 생각들	자기 공감
무감각한 인간 같으니라구!	속상해……. 저런 식으로 말하는 것을 들으니 정말로 화가 나네……. 나도 지금 너무 힘들어서 뭔가 좀 따뜻한 말을 듣고 싶은데 말이야.
건방지기 짝이 없네. 도대체 자기가 뭐라고 나보고 이래라 저래라 하는 거야?	음……. 지금 내 느낌은 뭐지? 열이 나. 목이 갑갑하고. 맞아! 짜증이 나고 가슴이 탁 막히고……. 아…… 경직돼……. 나는 그가 건방지다고 말하고 있어. 나는 존중이 필요하고, 내가 선택한 방식에 대해 좀 더 많이 이해받기를 원하는구나.
내가 엑스레이를 찍으려고 얼마나 노력했는지 전혀 알지도 못하면서 지껄여 대고 있군. 아무것도 모르는 주제에.	정말 마음이 아프다. 슬퍼. 저 사람은 어떤 일이 있었는지를 몰라. 난 이해가 필요해. 나는 사람들이 당시 내가 처했던 여러 어려움들을 알아주길 바라. 난 좀 더 이해를 받고 싶고, 사람들이 제대로 알았으면 해.

진행자를 위한 안내

　오늘 모임을 처음 "안녕하세요."부터 끝 "안녕히 가세요."까지 공감이 무엇인지 이해하고 연습하는 데 온전히 쓰려는 의도를 참가자들에게 알린다. 만일 모든 사람이 시간을 가지고 자기 자신과 서로를 공감으로 대하면서 사는 것을 실천한다면 우리가 사는 세상은 어떤 모습으로 바뀔까? 그런 세상을 두 시간 반 정도 함께 경험하는 것을 나눈다고 상상해 보자!

　오늘 공감 연습을 집중적으로 하기 위해, 다음 활동들 중 하나를 해 보거나 여러 활동을 혼합하여 해 보자.
- 모임 참가자들끼리 자연스러운 공감 대화 나누어 보기
- 공감세션 (제3부 '함께 연습하기' J 단원 참조, p.79)
- '개인 연습'에 대한 각자의 반응 나누기
- 아래에 나오는 활동들과 공감에 관한 연습 문제 해 보기

[활동 1] 공감 대화
　약물중독센터에서 있었던 다음 대화를 가지고 최소한 두 번 정도 더 대화를 계속해 보자. 생명을 위협당하는 상황에서도 공감하려는 마음에 머물러 있었던 그 여성을 상상해 보자.

a. 남성: 내게 방 하나 내줘!

b. 여성: 모든 방이 이미 다 찼는데요.

c. 남성(그녀의 목에 칼을 들이대고): 거짓말하지 마, 나쁜 년! 방 있는 거 다 알아!

d. 여성: 정말 방이 필요하기 때문에 화가 많이 나신 것 같군요.

e. 남성: 내가 비록 중독자일지는 몰라도 사람대접 받을 자격이 있어. 모두가 나를 깔보는 데 이제 신물이 나. 부모도 나를 사람 취급 해 주지 않아. 나는 사람대접을 받을 자격이 있단 말이야!

f. 여성: 사람들에게 원하는 인정을 받지 못해서 마음이 아프시군요.

g. 남성: _____

h. 여성: _____

i. 남성: _____

j. 여성: _____

♣ 앞의 g, h, i, 그리고 j에 들어갈 대화를 혼자서 완성해 보고 당신의 노트에 기록한다.

[활동 2] 공감 표현 연습

다음과 같이 말하는 사람에게 공감하는 연습을 해 보자. '당신은 ~을 원하기 때문에 ~을 느끼시나요?' 형태를 사용한다.

- "내가 해 주는 음식을 먹는 저 사람들, 진짜 까다로워!"
- "조용히 해!"
- "네가 나라를 사랑한다면 그렇게 말할 수는 없는 거야."
- "우리 부모는 나한테 절대로 진실을 말하지 않아."
- "넌 내 말이면 사사건건 반대하는데 이젠 정말 못 참겠다."

♣ 앞의 활동들을 스스로 해 보고, 노트에 대답을 적어 본다.

[활동 3] 공감 역할극

한 사람이 다음에 나오는 대사 중에서 한 가지를 선택해 역할극을 시작하면, 나머지 사람들은 공감을 한다. 시작한 사람은 자신이 충분히 이해를 받아 만족할 때까지 대화를 계속한다. "가르치기 전에 먼저 공감한다."라는 말을 기억하자. 말한 사람이 충분한 공감을 받을 때까지는 문제 해결을 시작하거나 충고를 하지 않는다.

- "지금 내 삶에서 내가 하는 말은 듣기를 아예 거절하는 사람이 있는데 어떻게 해야 할지 모르겠어."
- "누가 나를 헐뜯는 소리를 하면 참 괴로워. 그런데 다음 순간, 그 사람이 나를 그렇게 말할 때에는 그 사람도 뭔가 고통스러운 게 있다는 것을 알게 돼. 이럴 땐 어떻게 해야 하지?"
- "뻔히 공감이 필요한 사람한테 오히려 비난하고 마음을 닫아 버리는 나 자신을 볼 때 나는 결국 자책을 하게 돼. 그렇게 하는 건 도움이 안 되겠지, 그렇지?"
- "내가 NVC를 사용한 다음부터 사람들이 그걸 이용해 먹어. 동료, 건물 관리인, 심지어 우리 아이들까지도 말이야. 무슨 짓을 해도 아무 일 없으리라는 걸 알고 모두 나를 얕잡아 봐."

> 🍀 강한 욕구나 느낌을 표현하는 친구나 가족에게 공감하는 연습을 해 본다. 텔레비전 드라마나 영화를 보면서 등장인물의 느낌과 욕구에 공감해 본다. 그 내용을 노트에 기록한다.

예시 답안

[활동 1] 공감 대화

1. 남자: 맞아! 진저리가 나! 이제 더는 참지 않을 거야!

2. 여자: 자신을 보호하고 원하는 인정을 받겠다고 굳게 결심한 것 같군요.

3. 남자: 바로 그거야! 그게 어떤 기분인지 아무도 몰라. 한 끼 먹는 거, 잠잘 곳을 모두 구걸할 수밖에 없는 느낌 말이야.

4. 여성: 절망스러우시죠? 그리고 선생님 같은 처지에 있는 게 얼마나 고통스러운지 사람들이 좀 더 알아주었으면 하시는 거죠?

> ♣ 앞의 예시 답안을 읽어 보고, 자신의 답과 비슷하거나 다른 점에 대해 생각해 본다. 그러한 차이점과 관련하여 무엇을 깨달았는가? 예시 답안을 살펴본 후 당신의 대답을 어떻게 수정하겠는가?

[활동 2] 공감 표현 연습

1. "네가 애쓴 것을 인정받고 싶기 때문에 속상하니?"

2. "존중받기를 원하기 때문에 짜증 나니?"

3. "사람들이 나라를 지원하고 있다는 걸 믿고 싶기 때문에 마음이 불편하니?"(또는 "지원과 공동체가 중요하기 때문에 마음이 불편하니?")

4. "서로 솔직한 대화를 하면서 연결할 수 있기를 원하기 때문에 실망스러워?"

5. "조화로운 관계를 원하기 때문에 좌절스럽니?"

> ♣ 앞의 예시 답안들을 읽어 보고, 자신의 답과 비슷하거나 다른 점에 대해 생각해 본다. 그러한 차이점과 관련하여 무엇을 깨달았는가? 예시 답안을 살펴본 후 당신의 대답을 어떻게 수정하겠는가?

제 9 장

우리 자신과
연민으로 연결하기

[책 복습]

1. 마셜은 왜 우리가 자기 자신을 대할 때 NVC를 적용하는 것이 중
   요하다고 강조하는가?

2. 우리가 "한낱 의자가 아니라 왜 사람으로 태어났는지, 그 미묘하
   고 신비롭고도 중요한 이유"를 잊었을 때 우리가 잃어버리게 되는
   것은 무엇인가?

3. 자신이 한 일에 대해 만족하지 못할 때, 사람들은 스스로를 어떤

방식으로 평가하는 경향이 있는가?

4. 마셜이 자책을 통한 성장이나 배움, 변화를 피하고자 하는 이유는 무엇인가?

5. 우리가 베푸는 친절이 수치심이나 죄책감에서 나왔다고 느낄 때 사람들은 어떻게 반응하는가?

6. 마셜이 '해야만 한다(should)'라는 말을 폭력적이라고 생각하는 이유는 무엇인가?

7. 자기 자신에게 "나는 ~해야만 해."라는 말을 계속할 때 그것은 실제로 우리가 그 행동을 못 하게 막는 것일 수 있다. 그 이유는 무엇인가?

8. NVC에 따르면, 우리가 다른 사람을 가리켜 잘못됐다든가 나쁘다고 할 때 우리가 정말로 말하고 있는 것은 무엇인가?

9. 마셜이 강조하고 중요하게 여기는 자기비판의 두 가지 측면은 무엇인가?

10. '정말 바보 같은 짓을 했잖아!'라고 스스로를 비판할 때, 우리는 대체로 어떤 느낌을 가지게 되는가?

11. 자기비판 뒤에 있는 충족되지 않은 욕구와 연결했을 때, 우리에게 어떤 변화가 일어나는가?

12. 'NVC로 애도하기'와 '자기 용서' 과정에 대해 설명해 보자.

13. 우리가 자신을 연민으로 대할 때, 우리는 자신 안의 어떤 두 부분을 공감으로 수용하게 되는가?

14. '해야만 한다'라는 말을 '선택한다'로 바꾸는 세 단계는 무엇인가?

15. 위와 같이 바꾸는 목적은 무엇인가?

16. 우리는 어떤 상황에서 힘든 일이나 도전, 실패도 '놀이'처럼 여길 수 있는가?

17. 밖에서 오는 외적인 보상의 두 가지 예는 무엇인가?

18. 외적인 보상을 받으려는 동기에서 선택하는 것에는 어떤 단점이 있는가?

19. 우리가 내면의 욕구와 단절되어 행동할 때 사회적으로 가장 위험하다고 마셜이 생각하는 점은 무엇인가? 그 이유는 무엇인가?

[개인 연습]

1. 기린말로 애도하기

과거에 우리가 한 어떤 선택을 지금 후회하고 있을 때 우리 자신을 치유하는 프로세스이다. 과거의 한계를 넘어 성장하기 위해서 자신이 후회하고 있는 것을 인정하고 스스로를 공감하는 것이다.

계속해서 자신을 비난하고 죄책감과 수치심 속에서 사는 것이 과거의 실수를 '바로잡거나 보상하는 것'이라고 생각할 수도 있다. 그러나 성 프란시스 드 살레(St. Frances de Sales)는 "자신의 실패를 괴로워만 하는 사람은 실패를 바로잡을 수 없다. 과오를 유익한 쪽으로 바로잡을 수 있는 것은 고요하고 평화로운 마음에서 나온다."라고 말한다.

우리 문화에는 "눈에는 눈"이라는 식으로 가해자에게 고통을 주는 것이 피해자가 겪은 손해를 보상해 준다는 믿음이 있다. NVC를 실천하는 한 사람으로서, 만일 내가 당신으로 인해 한 눈을 잃었다면, 나는 당신이 자신을 자책하거나 당신의 눈을 내놓는 방법으로는 내가 진실로 원하는 공감과 연민, 안전과 같은 나의 깊은 욕구가 충족되지 않는다는 것을 알고 있다. 당신이 자신이 한 선택을 진실로 애도하는 훨씬 더 힘든 여정을 겪은 후에야 나는 당신으로부터 내가 원하는 것을 받을 수 있을 터이다. 우리 사이의 치유는 내가 당신의 깊은 애도를 들을 수 있고, 당신이 내게 필요한 깊은 공감을 주게 될 때 일어날 것이다.

애도: 과거 치유하기

'하지 않았더라면' 하고 바라는, 과거에 당신이 한 말이나 행동을 기억해 본다. 타원 안에 있는 말은 과거를 나타내며, 사각형 안에 있는 말들은 현재를 나타낸다.

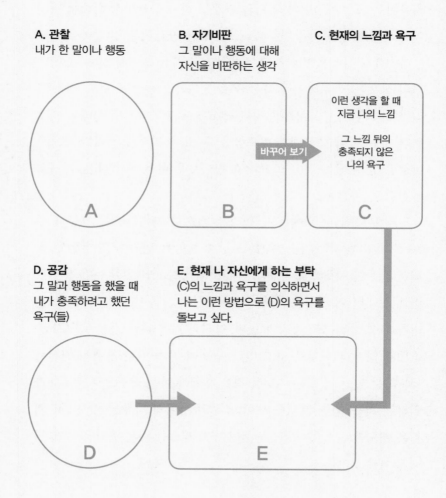

A. 관찰
내가 한 말이나 행동

B. 자기비판
그 말이나 행동에 대해
자신을 비판하는 생각

C. 현재의 느낌과 욕구

이런 생각을 할 때
지금 나의 느낌

그 느낌 뒤의
충족되지 않은
나의 욕구

바꾸어 보기

A

B

C

D. 공감
그 말과 행동을 했을 때
내가 충족하려고 했던
욕구(들)

E. 현재 나 자신에게 하는 부탁
(C)의 느낌과 욕구를 의식하면서
나는 이런 방법으로 (D)의 욕구를
돌보고 싶다.

D

E

184쪽 그림을 이용하여 자신이 지금 후회하고 있는 과거의 선택을 애도해 보자.

A. 관찰: 내가 지금 후회하고 있는, 과거에 한 나의 말이나 행동
B. 자기비판: 그 말이나 행동에 대해 자신을 비판하는 생각
C. 현재의 느낌과 욕구: 위의 자기를 비판하는 생각들을 느낌과 욕구로 바꾸기
D. 자기 공감: 지금 후회하고 있는 말이나 행동을 하기로 선택했을 당시에 내가 충족하고자 했던 욕구 찾아보기
E. 현재 자신에게 하는 부탁: 지금의 느낌과 충족되지 않은 욕구(C)를 의식하면서, 당시에 충족하고자 했던 욕구(D)를 충족할 수 있는 방법 선택하기

2. '해야만 한다'를 '선택한다'로 바꾸어 보기

하고 싶지 않지만 아무튼 해야만 한다고 생각하면서 하고 있는 일들의 목록을 아래의 형식을 이용해 만들어 보자.

'나는 ＿＿＿＿＿＿을(를) 해야만 한다.'(그런 일들을 빈칸에 써넣는다.)

목록에 적은 각각의 경우를 다음의 형태로 바꾸어 보자.

'나는 ＿＿＿＿＿＿＿을(를) 선택한다.(위에서 쓴 내용을 빈칸에 써넣는다.) 왜냐하면 나는 ＿＿＿＿＿＿을(를) 원하기 때문

이다.'(자신이 중요하게 여기는 것, 원하는 것, 필요한 것을 빈칸에 써넣는다.)

3. 당신의 삶에서 어떤 욕구를 충족하기 위한 수단으로 돈을 선택하고 그것을 구하려 했던 방법들을 생각해 보자. 그 욕구들을 나열해 보고, 각 욕구를 충족하기 위해 가능한 다른 방법을 최소 한 가지 이상 생각해 보자.

[예]

'지난달에 어머니 생일 선물을 살 때 동생이 자기 몫으로 낸다고 동의했던 3만 원을 동생에게 달라고 해서 돈을 마련하려고 했다.'

[나의 욕구]

 a. 공평함과 균형—나는 우리 어머니의 행복을 지원하는 일에 우리 형제가 똑같이 기여하기를 원한다.

 b. 신뢰—나는 약속이 지켜지리라고 믿고 기대할 수 있기를 바란다.

 c. 연결—나는 헤어진 여자 친구에게 점심을 함께하자고 제안하여 그녀와 다시 연결하고 싶다.

[위의 욕구들을 충족시킬 수 있는 다른 가능한 방법들]

 a. 공평함에 대한 나의 욕구를 표현하고, 동생에게 혹시 다음 두 번 어머니를 모시고 병원에 갈 수 있는지 물어본다.

 b. 신뢰에 대한 나의 욕구를 표현하고, 동생이 약속을 지키리라는 것을 내가 믿을 수 있는 방법을 동생과 함께 찾아본다.

c. 내가 돈을 들이지 않으면서 헤어진 여자 친구와 할 수 있는 어떤 특별한 제안을 찾아봄으로써 연결에 대한 나의 욕구를 돌본다.

4. 마셜은 제9장 첫 부분에 "우리 스스로 우리가 이 세상에서 원하는 변화가 되자."라는 간디의 말을 인용하고 있다. 당신은 어떻게 이 세상에서 당신이 바라는 변화가 되어 가고 있는지 구체적인 관찰로 써 보자.

a. 내가 이 세상에서 바라는 변화는 무엇인가?
b. 그 변화를 위해 내가 하는 구체적인 행동은 무엇인가?
c. 내가 가져온 변화를 축하하기

이번 주 과제 가운데 '개인 연습'을 해 온 모든 참가자들에게 1번의 차트와 2번의 '해야만 한다/선택한다 목록'을 함께 나눌 기회를 준다. 참가자들에게 이 두 가지 연습을 하면서 각자가 배운 것들을 말해 보도록 부탁한다. 모두가 나눌 수 있는 충분한 시간을 가지기 위해서, 필요하다면 참가자들을 두세 그룹으로 나누어서 진행한다.

만약 참가자들이 집에서 '개인 연습' 1번을 해 오지 않았다면 지금 후회하고 있는, 자신과 관련된 과거의 어떤 일을 가지고 지금 시범적으로 프로세스를 해 보고 싶은 사람이 있는지 물어본다. 프로세스의 각 단계마다 신호를 주어 진행을 돕는다. 진행하는 동안 그들에게 떠오르는 자기비판이나 생각들은 그것이 무엇이든 가급적 말로 표현하도록 권한다. 시간을 가지고 천천히 한다. 이 연습이 단순히 느낌과 욕구를 찾아 이름을 붙이기 위한 것이 아니라 지금 바로 이 순간 그들 내면의 살아 있는 생동감에 깊게 연결하는 것이라는 사실을 기억한다.

'개인 연습' 1번과 2번을 마친 뒤에 시간이 남으면, '수단으로서의 돈과 그 뒤에 있는 욕구'에 관한 주제를 다루어 본다. 또는, 참가자들 각자가 자신이 이 세상에서 원하는 변화가 되어 가고 있는 것을 축하하

는 것으로 모임을 끝낼 수도 있다.(개인 연습 4)

참고

다음 활동은 자기비판에 대해 좀 더 깊게 공부하고 싶은 모임들을 위한 것이다.

내면의 대화: 나(Self), 자기비판, 자기방어자

자기를 비판하는 생각들을 알아차리게 되면 우리는 그 생각들을 느낌과 욕구로 바꾸어 볼 기회를 가지게 된다. 그러나 내면에서 자기비판이 일어나는 순간 우리는 곧 이 생각들을 검열하고 억압하거나, 변명이나 방어를 하거나, 자신을 위로한다. 그렇게 함으로써 우리는 원래의 느낌·욕구와 자신 사이에 생각의 벽을 하나 더 쌓게 되고, 그것들로부터 더 멀어지게 된다. 다음에 나오는 내면의 대화는 그런 상황을 보여 주고 있다.

[내면 대화의 예]

나: 흠. 이 서류들 밑에 있는 게 다 뭐지? 아! 내가 잊어버리고 있었던 것들이 여기 있구나!

자기비판: 아, 이 날짜가 지난 청구서들 좀 봐! 난 정말 바보 같아! 왜 나

는 항상 이렇게 정신이 없지? 청구서 몇 장을 제때에 처리하는 게 그렇게 어려운 일은 아니잖아!

자기방어자: 나 자신한테 너무 가혹하게 굴지 말자! 누구나 한번씩은 깜빡할 수 있는 거야.

자기비판: 그렇지만 나는 '항상' 뭘 잊어버리고, '항상' 때를 넘기고, 그리고 나중에 물론 그 대가를 치르지. 내가 어떻게 매사에 이럴 수 있는지 믿을 수가 없어…….

자기방어자: 그만! 네가 항상 그런 건 아니야! 자책은 그만둬. NVC에서 자신을 판단하지 말아야 한다고 배운 거 기억하니? 그렇게 하는 건 일을 더 악화시킬 뿐이야. 우리는 언제나 할 수 있는 최선을 다하고 있다는 것, 그리고 우리 자신은 있는 그 자체로 온전하다는 것을 기억하라구. 작은 실수를 좀 한 거고, 뭘 잠깐 깜빡했을 뿐이야. 그러니 무슨 큰일 난 것처럼 굴지 말자. 그저 여기 앉아서 청구서 금액을 수표에 써서 보내면 그뿐이야. 다 괜찮을 거야.

참고

이 내면의 대화는 이 사람이 책상에 앉아 청구서 금액을 수표에 쓰는 것으로 끝난다.

내면의 대화 바꾸어 보기

다음에 나오는 설명은 앞에 예시된 내면의 대화를 위한 것이다. 그러나 설명에서 제시된 절차들을 잘 익힌 다음, 그것들을 참가자들이 내놓은 비슷한 내면의 대화에 적용해 본다.

1. 세 명의 참가자가 서로 나란히 앉아서 각각 '나', '자기비판', '자기방어자' 역할을 맡아 각자의 대사를 읽는다.

2. 또 다른 한 명의 참가자는 그의 느낌과 욕구를 반영하여 말해 줌으로써 '자기방어자'를 공감해 준다. 이때 위로나 방어, 부정, 또는 해결 방법을 말하는 '자기방어자'의 목소리 뒤에는 여러 층위의 느낌과 욕구가 있을 수 있으므로 시간을 가지고 천천히 진행한다.

   a. **자기방어자:** 나 자신한테 너무 가혹하게 굴지 말자! 누구나 한번씩은 깜빡할 수 있는 거야.

   위의 목소리를 공감해 준다.(느낌과 욕구를 반영해 준다.)

   b. **자기방어자:** 그만! 네가 항상 그런 건 아니야! 자책은 그만둬. NVC에서 자신을 판단하지 말아야 한다고 배운 거 기억하니? 그렇게 하는 건 일을 더 악화시킬 뿐이야. 우리는 언제나 할 수 있는 최선을 다하고 있다는 것, 그리고 우리 자신은 있는 그 자체로 온전

하다는 것을 기억하라구. 작은 실수를 좀 한 거고, 뭘 잠깐 깜빡했을 뿐이야. 그러니 무슨 큰일 난 것처럼 굴지 말자. 그저 여기 앉아서 청구서 금액을 수표에 써서 보내면 그뿐이야. 다 괜찮을 거야.

위의 목소리를 공감해 준다.

3. 자신의 느낌과 욕구를 완전히 이해받고 나면, '자기방어자'는 '자기비판'을 공감할 준비가 될 수 있다. '자기방어자'는 이제 '자기비판'이 그 비판 뒤에 있는 느낌과 욕구에 연결하도록 돕는다.(이것이 '애도' 과정이다.)

a. **자기비판**: 아, 이 날짜가 지난 청구서들 좀 봐! 난 정말 바보 같아! 왜 나는 항상 이렇게 정신이 없지? 청구서 몇 장을 제때에 처리하는 게 그렇게 어려운 일은 아니잖아!

위의 목소리를 공감해 준다.

b. **자기비판**: 그렇지만 나는 '항상' 뭘 잊어버리고, '항상' 때를 넘기고, 그리고 나중에 물론 그 대가를 치르지. 내가 어떻게 매사에 이럴 수 있는지 믿을 수가 없어……

위의 목소리를 공감해 준다.

4. '자기비판'의 말들이 충분히 느낌과 욕구로 바뀐 다음에는 '자기비
   판'이 '나'(self)를 공감해 줄 준비가 된다.

   '자기비판'은 '나'가 청구서의 납기일을 놓치게 되는 결과로 이어진
어떤 선택을 했을 때 그 선택의 뒤에 있었던 느낌과 욕구에 연결하도
록 돕는다.(이것이 '자기 용서'이다.)
   '나'가 청구서의 납기일을 놓치는 결과로 나타난, 자신의 선택 뒤에
있던 욕구에 연결되도록 한다.

5. 이 역할극을 끝내기 전에, 역할을 한 참가자들에게 공감으로 연결
   된 후 어떤 변화를 경험했는지 물어본다. 그 모임에 있는 나머지 사
   람들에게 관찰한 것과 배운 것을 함께 나누어 보도록 요청한다.

   ♣ 당신은 자신을 비판하는 생각들을 바로 억압해 버린 때를 떠올릴 수
   있는가?
   a. 그것이 어떤 소리였는지 써 보자.
   b. 이제 그 목소리에 공감해 보자.

내면의 대화: 나, 자기비판, 자기방어자

2a. 자기방어자: 나 자신에게 너무 가혹하게 굴지 말자! 누구나 깜빡할 수 있는 거야.

자기방어자를 공감하기: 너는 자신에 대한 연민이 중요하기 때문에 자신을 비판하는 말이 들리기 시작하면 조바심이 나니? 너는 우리가 실수를 했을 때 스스로를 용서할 수 있다는 것을 알고 싶은 거니?

2b. 자기방어자: 그만! 네가 항상 그런 건 아니야! 자책은 그만둬. NVC에서 자신을 판단하지 말아야 한다고 배운 거 기억하니? 그렇게 하는 건 일을 더 악화시킬 뿐이야. 우리는 언제나 할 수 있는 최선을 다하고 있다는 것, 그리고 우리 자신은 있는 그 자체로 온전하다는 것을 기억하라구. 작은 실수를 좀 한 거고, 뭘 잠깐 깜빡했을 뿐이야. 그러니 무슨 큰일 난 것처럼 굴지 말자. 그저 여기 앉아서 청구서 금액을 수표에 써서 보내면 그뿐이야. 다 괜찮을 거야.

자기방어자를 공감하기: 걱정이 되니? 우리가 실망스러운 선택을 했을 때에도 여전히 자신을 이해하고 수용하고 스스로에게 너그러웠으면 하는 거니? 그리고 또, 너는 내가 그러한 비판들을 들었을 때 고통과 수치심을 느끼지 않도록 나도 보호하고 싶기 때문에 두려움도 느끼니?

3a. 자기비판: 아, 이 날짜가 지난 청구서들 좀 봐! 난 정말 바보 같아! 왜 나는 항상 이렇게 정신이 없지? 청구서 몇 장을 제때에 처리하는 게 그렇게 어려운 일은 아니잖아!

자기비판을 공감하기: 너 자신이 일을 제때에 할 수 있다는 것을 믿고 싶기 때문에 실망스러운 거니?

3b. 자기비판: 그렇지만 나는 '항상' 뭘 잊어버리고, '항상' 때를 넘기고, 그리고 나중에 물론 그 대가를 치르지. 내가 어떻게 매사에 이럴 수 있는지 믿을 수가 없어…….

자기비판을 공감하기: 네가 지난날의 실수로부터 배울 수 있다는 것을 믿고 싶기 때문에, 이런 일이 한 번 이상 일어났다는 사실에 대해 정말로 실망한 것처럼 들리는데? 그리고 너는 시간과 돈을 효율적으로 사용하는 것이 중요하기 때문에, 그 결과를 생각하면 걱정도 되니?

4. '나'가 청구서의 기한이 지나도록 한 자신의 선택 뒤에 있는 욕구에 연결되도록 한다.

'이번 달에 나는 일하는 시간 이외에는 정원 일과 가족과 친구, 그리고 새로운 식이요법 운동 프로그램에 몰두했다. 내가 시간과 에너지를 이렇게 사용하기로 선택한 것은 사랑하는 사람과 건강하게 함께 지내며 그들의 행복에 기여하는 것, 그리고 땅과 연결되어 새로운 생명을 보살피며 기르는 것을 중요하게 생각하기 때문이다.'

♣ 앞의 예시 답안을 읽어 보고, 자신의 답과 비슷하거나 다른 점에 대해 생각해 본다. 그러한 차이점과 관련하여 무엇을 깨달았는가? 예시 답안을 살펴본 후 어떻게 답을 수정하겠는가?

제10장 분노를 온전히 표현하기

[책 복습]

1. 마셜은 사회적, 정치적 불의에 분노하는 독자들에게 "NVC에서는 분노를 _____로 보지 않는다."라고 확실히 말하고 있다.

2. 화가 날 때 우리는 '듣기 힘든 말을 들었을 때의 네 가지 선택' 중에서 어떤 선택을 한 것인가?

3. 분노를 자극하는 것은 무엇인가?

4. 자극과 원인을 구별하는 것이 중요한 이유는 무엇인가?

5. 만일 당신이 _____을(를) 사용하여 다른 사람의 행동을 조종하고 싶다면 자극과 원인을 혼동하게 하면 된다.

6. 환경을 오염시키는 것처럼 우리가 생각하기에 해로운 행동을 하는 사람을 보았을 때, 마셜은 우리에게 _____보다는 _____에 주의를 집중하는 것이 낫다고 제안하고 있다.

7. 우리가 분노를 유익하게 활용할 수 있는 방법은 무엇인가?

8. 마셜은 '나는 그들이 ~했기 때문에 화가 난다.'라는 말을 어떠한 말로 바꾸는 연습을 반복적으로 하라고 권하고 있는가?

9. 마셜이 이틀 연속 얼굴을 맞고 나서 배운 것은 무엇인가?

10. 우리가 자신의 욕구와 진정으로 연결하는 순간, 우리의 분노는 어떻게 되는가?

11. 마셜이 철학적인 이유에서뿐 아니라 욕구를 더 효과적으로 충족하기 위한 현실적 방법과 관련해서도 원인과 자극을 분명히 구별할 것을 강조하는 이유는 무엇인가?

12. 폭력은 사람들이 ＿＿＿＿＿＿＿이라고 착각하면서 상대가 당연히 벌을 받아야 한다고 믿을 때 오는 결과이다.

13. 우리가 ＿＿＿＿＿＿＿하면서 우리의 욕구를 표현한다면 우리의 욕구에 관심을 둘 수 있는 사람은 거의 없을 것이다.

14. 우리가 다른 사람에게 죄책감과 수치심을 느끼게 만들거나 그들을 위협해서 우리의 욕구를 충족하고자 한다면 어떤 일이 일어나는가?

15. 분노를 표현하는 네 단계는 무엇인가?

16. 분노를 표현할 때 3단계와 4단계 사이에서 우리가 할 필요가 있는 것은 무엇인가? 그 이유는 무엇인가?

17. 우리 머릿속에서 폭력적인 생각이 일어날 때 마셜은 어떻게 하라고 제안하는가?

18. 마셜은 택시에 같이 타고 있던 남자가 자기 말을 비난으로 듣거나, 인종차별적 발언을 한 자신이 나쁘다고 생각하기를 원하지 않았다. 그 이유는 무엇인가?

19. NVC를 처음 배우는 단계에서 우리 대부분이 그것을 적용하는

데 어색함을 느끼는 이유는 무엇인가?

20.분노를 피상적으로 표현하는 것과 온전히 표현하는 것의 차이는
무엇인가?

[개인 연습]

참고

'개인 연습' 1번은 중간에 쉬지 말고 끝까지 한 번에 진행한다. 그리
고 시간이 좀 걸릴 수도 있다. 연습을 시작하기 전에 202쪽에 나오는
'분노란 무엇인가?'뿐 아니라 아래 설명 전체를 읽어 본다.

1. 화가 났던 때를 기억해 보자. 그 순간의 구체적인 면들을 상세히
떠올려 그 장면을 재생해 본다.(그 장소가 어떻게 느껴졌는지, 당신은 어
떤 자세로 있었는지, 상대방이 당신에게 어떻게 보였는지, 주변의 소리는 어땠
는지 등)

a. 분노를 일으킨 자극(혹은 자극들)을 관찰의 형태로 찾아보자.

b. 머릿속에 있는 '해야만 한다는 생각'은 무엇인가?

c. '해야만 한다는 생각'을 욕구로 바꾼다. 그것은 여러 가지가 될
수도 있으므로 모두 찾아본다. 우리 생각에 '해야만 한다'라는

말이 들어 있지 않은 경우라도, 제2장에 나오는 소통을 단절시키는 네 가지를 포함해서 찾아본다.(진단, 책임의 부정, 강요, '~해야 마땅하다'라는 생각에서 나오는 말)

d. 충분한 시간을 가지고 조용히 앉아서 그 상황에서 충족되지 않았던 당신의 욕구를 의식해 보자. '내가 가졌던 _____에 대한 깊은 욕구와 그 욕구들이 충족되지 않은 것을 깨달았을 때 나는 _____을 느낀다.' 이제 내면으로 들어가 발견한 것들을 바라보자.

이때 여러 가지 신체적 감각, 감정, 마음 상태를 경험할 수도 있을 것이다.(p.202 '분노란 무엇인가?' 참조) 그것들을 나타내는 정확한 말을 찾으려고 노력하기보다는, 그것이 무엇이든 내면에서 올라오는 것들에 온전히 함께 머무른다.

'그 여자는 나에게 깊은 상처를 남겼어.'를 비롯하여 '이런 연습은 바보 같은 짓이야.' '다시는 그런 일은 하지 않을 거야.' 등 여러 종류의 생각과 이미지들이 일어나는 것을 알아차리게 될 터이다. 그렇게 생각이 일어나면 단순히 '여기 이런 생각이 있구나.'라고 바라보며 그저 지나가게 내버려 둔다. 그리고 다시 부드럽게 자신의 신체적 감각, 감정, 마음 상태에 주의를 두며 느낌으로 되돌아온다.

그러다 다시 생각이 올라오면, 다시 '나의 _____에 대한 깊

분노란 무엇인가?

분노는 아래의 여러 가지 것들이 계속해서 여러 모양과 순서로 나타나는 경험이다.

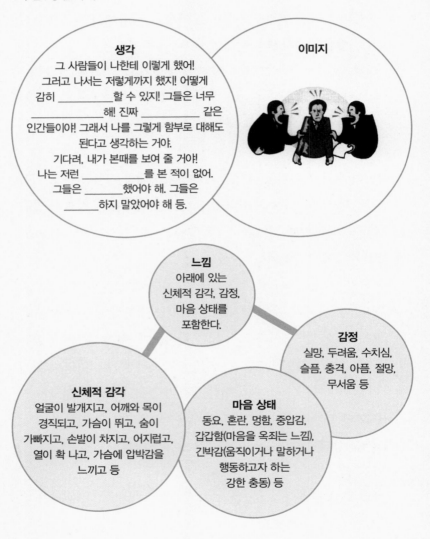

생각
그 사람들이 나한테 이렇게 했어!
그러고 나서는 저렇게까지 했지! 어떻게
감히 _____할 수 있지! 그들은 너무
_____ 해! 진짜 _____ 같은
인간들이야! 그래서 나를 그렇게 함부로 대해도
된다고 생각하는 거야.
기다려, 내가 본때를 보여 줄 거야!
나는 저런 _____를 본 적이 없어.
그들은 _____했어야 해. 그들은
_____하지 말았어야 해 등.

이미지

느낌
아래에 있는
신체적 감각, 감정,
마음 상태를
포함한다.

감정
실망, 두려움, 수치심,
슬픔, 충격, 아픔, 절망,
무서움 등

신체적 감각
얼굴이 발개지고, 어깨와 목이
경직되고, 가슴이 뛰고, 숨이
가빠지고, 손발이 차지고, 어지럽고,
열이 확 나고, 가슴에 압박감을
느끼고 등

마음 상태
동요, 혼란, 멍함, 중압감,
갑갑함(마음을 옥죄는 느낌),
긴박감(움직이거나 말하거나
행동하고자 하는
강한 충동) 등

은 욕구가 충족되지 않았음을 깨달았을 때 나는 _____을 느낀다.'라는 말을 반복함으로써 다시 집중한다. 충족되지 않은 욕구를 의식하고 그와 머물면서, 어떤 느낌이 올라오든지 그 느낌과 온전히 함께 있는다.

모든 것을 들여다보고 다루었다고 느껴지면 이 부분을 천천히 마무리한다.

e. 이제 그 상황에서 충족되지 않았던 당신의 욕구와 관련된 느낌을 말로 표현해 보자.

f. NVC의 네 요소를 사용하여 당시의 상대방에게 말한다고 생각하며 당신의 "분노를 온전히 표현"해 보자.
  ● 관찰(자극)
  ● 느낌(분노 밑에 있는 느낌)
  ● 욕구
  ● 부탁

g. 상대방이 앞의 f에서 당신이 표현한 대로 당신의 느낌과 욕구를 온전히 들을 수 있다고 생각하는가? 만일 아니라면 그들이 느끼고 있는 것과 필요로 하는 것에 대해서 당신이 어떻게 공감을 할지 써 보자.

h. NVC 네 요소를 사용하여 지금 이 순간의 당신을 표현해 보자.
'분노에 대한 연습을 끝내고 나니'
'나는 _____을 느낀다.'
'왜냐하면 나는 _____ 때문이다.'(욕구)
'그래서 나는 _____ 하고 싶다.'(이것은 스스로에게 하는 부
탁일 수도 있다.)

i. '개인 연습' 1번에서 당신에게 쉬웠거나 어려웠던 부분은 어디인
가? 그 이유는 무엇인가?

2. 종이 한 장을 두 부분으로 나눈다. 그 한쪽에 당신의 머릿속에 가
장 자주 떠오르는 다른 사람에 대한 평가들을 '나는 _____
한 사람을 싫어한다.'라는 표현을 사용하여 나열해 본다. 그리고
나열된 각각의 항목에 대해, '내가 누군가를 이렇게 평가할 때 나
는 무엇을 원하는데 그것을 얻지 못하고 있는가?'라고 자신에게
물어보고, 그 욕구들을 다른 쪽에 적어 보자.

3. 앞으로 다시 화가 날 때에는 이 책의 '부록4'에 있는 'SSTOP! 파괴
적인 분노 멈추기'를 참고하자. 거기에 나오는 과정에 따라서 해 보
면서 자신의 생각과 느낌을 자세히 관찰하고, 당신이 관찰한 것들
과 마음속에서 발견한 것들을 적어 보자.

진행자를 위한 안내

우리 대부분에게 '분노를 온전히 표현하기' 과정은 시간을 필요로한다. 그것은 NVC의 네 요소를 사용하면서 분노를 말로 터뜨리는 과정이 아니다. 따라서 참가자들이 이 연습을 통해 모든 단계를 거치면 그 자리에서 변화를 느낄 수 있으리라 기대하고(물론 그럴 가능성이 없는 것은 아니지만) 오늘 모임을 참가자 서로에게 화난 감정을 드러내는 기회로 삼는 것은 권하고 싶지 않다. 화가 난 사람이 있다면 그가 충분히 이해받고 지지받을 수 있도록 이 연습을 좀 더 확대해 '공감세션'으로 이어 갈 수 있다. '공감세션'에 덧붙여, 참가자들이 개인 연습의 각 항목에 대한 답변을 함께 나누어 보도록 한다. 그 과정을 표로 정리해 보기 위해 부록4 'SSTOP! 파괴적인 분노 멈추기'를 이용할 수도 있다. 아래에 나오는 활동은 '해야만 한다는 생각'을 가려내 그 생각을 욕구로 바꾸어 보는 추가적 연습을 위한 것이다.

[활동 1] '해야만 한다는 생각' 찾아보기

다음은 우리를 화나게 만드는 생각과 이미지들의 예이다. 각 예를 보고, 다음 질문에 답을 해 보자.

a. 어떠한 '해야만 하다는 생각'이 포함되어 있는가?
b. 그 생각 뒤에 있는 충족되지 않은 욕구는 무엇인가?

1. '교사들은 우리에게 이래라 저래라 할 권리가 없어.'

2. '저 사람은 정말 무책임해. 이 프로젝트에서 자기가 맡은 부분을 할 시간이 다른 누구보다도 많았는데도……. 이제 우리 모두가 그 대가를 치르게 됐잖아.'

3. '나한테 말하면서 네가 감히 목소리를 높여?'

4. '도대체 자기네가 우리보다 그렇게 잘났다고 생각하는 이유가 뭐 야?'

5. '나이키나 스타벅스 같은 돈을 많이 버는 다국적기업들의 유리창 은 깨져도 돼.'

6. '저 여자가 저렇게 상냥한 소리를 하는 건 견딜 수가 없어. 마치 자 기가 우리한테 정말 신경이라도 쓰고 있는 것처럼 말이야.'

7. '이 변태!'

8. '차 좀 태워 줬다고 돈을 받다니 믿을 수가 없어! 자기들이 어렸을 때 내가 얼마나 많이 태워 줬는데!'

9. '너 정말 둔하다. 내가 오늘 저녁 내내 절뚝거리는 걸 보지도 못했니?'

10. '이 바보야!'

 앞의 활동들을 스스로 해 보고, 노트에 대답을 적어 본다.

예시 답안

[**활동 1**] '해야만 한다는 생각' 찾아보기

  '해야만 한다는 생각'과 그 생각 뒤에 있는 욕구 찾아보기

1. **해야만 한다는 생각:** '교사들이 우리에게 이래라 저래라 해서는 안
   돼. 교사들은 우리를 다르게 대우해야만 해.'
   욕구: 자율성, 이해

2. **해야만 한다는 생각:** '자기가 맡은 일은 해야지. 자기 때문에 우리 모
   두를 힘들게 해서는 안 돼.'
   욕구: 배려, 믿음

3. **해야만 한다는 생각:** '나한테 말할 때 목소리를 높여서는 안 돼. 너는
   공손하게 말해야 돼.'

욕구: 존중, 안전

4. **해야만 한다는 생각:** '그들은 그렇게 거만해서는 안 돼. 너무 몰라, 좀 알아야지.'
   욕구: 이해, 존중

5. **해야만 한다는 생각:** '다른 사람을 고통스럽게 했으니까 그들도 고통을 당해야 돼. 다른 사람을 착취해서 부를 쌓는 건 안 될 일이야.'
   욕구: 상호성(균형, 서로 동등하게 주고받음), 연민

6. **해야만 한다는 생각:** '사람이 솔직해야지, 저렇게 위선적으로 행동하면 안 돼.'
   욕구: 진정성, 신뢰

7. **해야만 한다는 생각:** '너는 그런 일을 생각하거나 해선 안 돼. 책임 있게 행동해야만 해.'
   욕구: 안전, 존중

8. **해야만 한다는 생각:** '나한테 돈을 받으면 안 되지. 내가 옛날에 얼마나 많이 차를 태워 줬는데. 그걸 기억해야지.'
   욕구: 지원, 상호성

9. **해야만 한다는 생각:** '내가 다리를 절뚝거리는 것을 눈치챘어야지. 그

렇게 둔하면 안 되지.'

욕구: 알아차리기, 의식, 명확성

10. **해야만 한다는 생각:** '그 정도는 알아야지. 그렇게 바보 같은 소리를

해서는 안 돼.'

욕구: 배려, 이해

♣ 앞의 예시 답안들을 읽어 보고, 자신의 답과 비슷하거나 다른 점에 대
해 생각해 본다. 그러한 차이점과 관련하여 무엇을 깨달았는가? 예시 답안
을 살펴본 후 자신의 답을 어떻게 수정하겠는가?

갈등 해결과 중재

제11장

개인 과제

[책 복습]

1. NVC로 갈등을 해결하려고 할 때, NVC의 다른 모든 단계들이 효과를 낼 수 있게 해 주는 가장 중요한 요소는 무엇인가?

2. NVC 갈등 해결의 목적이라는 관점에서 '만족'과 '타협'의 차이점을 설명해 보자.

3. 전통적인 중재 관행과 NVC에 기반을 둔 중재 방식의 차이점은 무엇인가?

4. 이 장에서 간단하게 살펴본, 갈등 해결에 NVC를 적용하는 5단계는 무엇인가?

5. NVC에서 사용하는 대로 '욕구'와 '수단/방법'을 정의해 보자.

6. 갈등 상황에서, 관련된 두 당사자들이 분석하지 않고 욕구를 명확하게 표현하는 것이 아주 중요한 이유는 무엇인가?

7. 갈등 중재에서 공감은 어떤 역할을 하는가?

8. 부인이 수표를 못 쓰게 한 것과 관련된 오래된 갈등에서 각 배우자의 욕구는 무엇이었는가?

9. 갈등 당사자들이 갈등 해결 과정 마지막 단계에서 수단/방법을 찾을 때, 마셜은 어떤 언어를 사용하는 것이 중요하다고 강조하는가? 세 가지로 정리해 보자.

10. 마셜은 '행동언어'와 '비행동언어'의 차이를 어떻게 구별하는가?

11. 마셜이 '비행동언어'보다는 '행동언어'를 사용하라고 권하는 이유는 무엇인가?

12. 누군가가 우리의 부탁을 들어줄 마음이 없다고 할 때, 우리는 그

말에서 무엇을 귀 기울여 들어야 하는가?

13. NVC 중재자의 역할을 설명해 보자.

14. 우리가 갈등 당사자들 사이에서 중재하고 있다면, 마셜은 우리에게 어떤 조언이나 제언을 할까?

15. 한 여성이 어린 자녀를 때리는 것을 보았을 때, 마셜이 제일 먼저한 일은 그 어머니에게 공감해 주는 것이었다. 왜 그랬는가?

[개인 연습]

기꺼이 연결하려는 우리의 마음 살펴보기

마셜은 갈등을 해결할 때 "기꺼이 인간적으로 연결하려는 마음"이 가장 중요하며, 그것이 "NVC의 다른 모든 단계들이 효과를 낼" 수 있게 해 준다고 강조한다.

1. 당신이 최근에 갈등을 겪고 있는 누군가를 마음속으로 찾아본다.(최근 경험이 없다면 과거 경험에서 찾아본다.)

2. 의식적으로 숨을 몇 번 쉬거나 몸에 나타나는 신체 감각에 집중함으로써 고요한 마음자리에 도달한다. 내면의 평온이나 고요함이

확장되거나 변화가 있는지 주의 깊게 살핀다.

3. 잠시 침묵한 다음, 아까 찾아본 그 사람을 떠올린다. 눈을 감고 그 사람이 당신의 의식 안으로 들어오도록 초대한다. 마음속으로 그 사람을 관찰하면서 자신의 느낌과 몸 감각들을 예민하게 인식한다. 그 사람의 모습이나 몸짓, 표정, 그 사람이 냄새 맡거나 행동하는 방식, 그 사람의 목소리, 생동감 넘치는 그들의 현존에 관심을 기울인다. 천천히 한다.

4. 당신의 내면세계에서 그 사람을 의식하면서 그 사람에 대한 감각을 키운 후, '기꺼이 인간적으로 연결하려는 마음'이 있는지 스스로에게 묻는다. "나는 공통의 느낌과 욕구를 공유하는 한 동료 인간 존재로서 그 사람과 기꺼이 관계 맺을 마음이 있는가? 나는 그 사람의 느낌과 욕구에 기꺼이 귀 기울이고 그것들을 온전히 받아들일 마음이 있는가? 나는 나 자신의 욕구와 마찬가지로 그 사람의 욕구도 충족되도록 돌보고 있는가?"

참고

당신의 대답이 "예!"이거나 "아니요!"이거나에 상관없이, 또는 양쪽 다이거나 어느 쪽인지 분명하지 않거나 이랬다저랬다 하거나 복잡하거나에 상관없이, 무엇이 올라오든 판단 없이 들으려고 애쓴다. 우리는 우리 자신의 주관적 진실을 조사하는 작업을 하고 있다. 우리가 어떻게 존재하고 느끼고 생각해야 하는지에 대한 판단과 선호를 잠시 내려놓고, 우리 자신과 우리의 진실을 존중한다.

5. 그 사람과 기꺼이 인간적인 연결을 할 마음이 있는가? 대답이 "예!"라면 아래의 (a)를 참고한다. 대답이 "아니요!"라면, 아래의 (b)를 참고한다. 대답이 둘 다이거나 둘 다 아니라면, 아래의 (c)를 참고한다.

(a) "예!"일 때

① "예!" 하는 경험에 오래 머무른다. 그 사람과 얼굴을 맞대고 가슴에서 우러나 "예!"라고 표현하는 모습을 상상한다. "예, 나는 마음을 열어 당신의 느낌과 욕구에 귀 기울이고 그것들을 온전히 받아들이고 있습니다. 예, 나는 나 자신의 욕구를 돌보는 것과 마찬가지로, 당신의 욕구도 충족되도록 보살핍니다. 예, 우리는 같은 느낌과 욕구를 가진 공통의 인간성을 공유합니다. 예!"

② "예!" 하는 이 경험을 바탕으로, 당신 몸과 마음에서 그것이 어떻게 느껴지는지 알아차린다. 그 순간에 느껴지는 감각에 몸과 마음을 열고 이완하면서, 되도록 오래 그 감각에 머무른다.

이렇게 "예!" 하는 (몸과 마음의) 부분과 점점 더 친숙해지는 연습을 해 가면, 갈등 한가운데에서, 심지어는 (가장 좋은 의도에도 불구하고) 기꺼이 연결하려는 순수한 우리 마음이 상대방에 대한 판단과 적 이미지로 방해받을 때에조차도 그것이 닻이 되어 줄 수 있다. 힘들고 흥분된 상호작용 속에서도 우리는 "예!" 하는 친숙한 부분과 되풀이해서 접촉할 수 있으며, 인간과 인간으로 연결하려는 우리 의도를 잘 되살릴 수 있다.

이 연습을 통해, 우리는 '기꺼이 인간적으로 연결하려는 마음'이 있는지 아니면 (때로는 미묘하게) 없는지 알아차리는 능력도 향상시킬 수 있다. 이 기술이 없으면, NVC 모델과 갈등 해결 단계가 우리가 원하는 행동을 상대방이 하도록 만드는 기법으로 잘못 사용되기 쉽다.

(b) "아니요!"일 때

우리 자신이 다르게 반응하도록 스스로 훈련하지 않으면, 우리 대부분은 우리를 고통스럽게 만드는 행동을 하는 누군가를 온전히 열린 마음으로 느끼지 못하도록 막는 생각을 계속 이어 가는 경향이 있다. 우리 안에 있는 "아니요!"를 솔직하게 인정하는 것, 즉 기꺼이 연결하려는 마음이 우리에게 없음을 아는 것, 그리고 이렇게 매우 일반적인 인간적 반응을 근거로 우리 자신을 판단하지 않는 것이 중요하다.

① 어떤 갈등 상황에서는, 우리는 상대방을 기꺼이 온전히 받아들이는 체험을 할 수 있기를 '바랄' 수도 있다. 다시 말해, 우리는 그들의 욕구를 열린 마음으로 듣기를 '바랄' 수도 있다. 또, 우리

자신의 욕구를 보살피는 것과 마찬가지로, 그들의 욕구가 실현되도록 보살필 수 있기를 '바랄' 수도 있다.

잠시 침묵하면서, 앞에서 찾은 그 사람에 대해 생각할 때 그런 바람이 있는지 살펴본다.

- 없다면, 아래의 연습문제 ②로 나아간다.
- 그런 바람이 있다는 것을 알아차리면, 그것이 상대방에 대해 얼마나 열리는 느낌을 주는지 살펴본다. 그것을 몸이나 마음 어디에서 경험하는가? 올라오는 감정이 있는가? 그렇다면, 그 밑에 있는 어떤 욕구가 충족되거나 충족되지 못하고 있는가? 잠시 그 욕구에 머물면서 자신에 대해서, 그리고 기꺼이 연결하려는 마음을 경험하고 싶은 '바람'에 대해서 무엇을 배울 수 있는지 본다.

② 다른 갈등 상황에서는, 우리와 갈등을 겪고 있는 당사자와는 진지하게 연결하기를 '원하지' 않을 수도 있다. 우리는 그들이 하는 말을 온전히 들을 마음이 전혀 없고, 그들의 욕구를 돌보고 싶지 않으며, 그들과 우리가 같은 인간성을 공유하고 있다고 보고 싶지 않다.

잠시 이 알아차림에 머무른다. 어떤 느낌이 올라오는지 관찰한다. 이 순간 몸에 어떤 감각이 있는가? 자기 자신과 연민으로 연결하고, 그 느낌 밑에 있는 욕구들(아마도 여러 층위의 욕구들)을 찾아본다. 자신의 "아니요!" 뒤에 있는 "예!"를 찾는다. 상대방과 진지하게 연결하고 싫은 마음을 가로막는 무엇에 "예!" 하고 있는가? 예를 들자면 안전을 바라는 욕구, 존중받고자 하는 바람, 진정성의 중요성에 대한 강한 의식이 있음을 알게 될 수도 있다. 연결하기 싫은 마음 뒤에 있는 욕구들을 확인한다.

이런 점들에 대한 이해가 앞으로 당신이 갈등을 다룰 방식에 영향을 주는가? 만일 그렇다면, 어떻게?

(c) "예!"와 "아니요!" 둘 다이거나 둘 다 아닐 때

갈등 상황에서 우리는, 자기 자신에게 솔직하다면, 상대방에게 마음을 열고 그의 말을 온전히 들으려는 우리 마음이 바뀌거나 오락가락하는 것을 자주 깨닫게 될 수도 있다. 갈팡질팡하고 흔들리는 이런 경험에 익숙해지자. 올라오는 다양한 느낌과 연결하는 시간을 두고, 인내심을 가지고서 느낌 하나하나에 접촉하고, 그 뒤에 있는 욕구(들)에 연결하자.

그런 다음, 앞의 (a)와 (b)를 꼼꼼히 읽으면서, 가슴에 와닿는 부분을 찾아본다.

다른 면에 공감하기

지금 갈등을 겪고 있기는 하지만, 기꺼이 가슴에서 가슴으로 연결할 마음이 있다고 여겨지는 누군가를 찾아본다.(212쪽의 개인 연습, '기꺼이 연결하려는 우리의 마음 살펴보기'에서 찾은 사람과 같은 사람일 수도 있다.)

현재의 갈등 상황에서 그 사람이 하는(할 수도 있는) 여러 가지 말들을 모두 적어 보자.

그런 다음,

- 그 사람이 말할 법한 방식으로 각각의 말을 읽는다.
- 당신 내면의 반응을 알아차린다. 당신 자신의 행복과 욕구 충족을 소중히 여기는 것과 똑같이 그 사람의 것도 소중히 여길 수 있는지 살펴본다.
- 그들이 하는 말 뒤에 있는 욕구에 연결함으로써 말 한 마디 한 마디에 공감한다. 잠시 멈추고 침묵으로 공감한다. 말로 공감하고 싶다면, 그 사람이 한 말 아래에 하고 싶은 말을 쓴다.

욕구와 수단/방법 표현하기

방금 연습하면서 확인한 갈등 상황에서 자신의 욕구에 대해 깊이 생각해 본다. 잠시 시간을 가지고 각각의 욕구에 머무르면서 어떤 감정이나 감각이 올라오든 그것을 느껴 본다.

갈등이 불러일으킨 모든 욕구들과 연결한 다음, 상대방에게 제안할 만한 수단/방법 몇 가지를 상상해 본다.

다음을 적어 본다.

- 당신이 확인한 욕구들

- 그 욕구들을 상대방에게 표현하기 위해 사용할 단어들
- 당신과 상대방의 욕구를 모두 충족할 수 있는 수단/방법을 표현하면서 그 사람에게 할 부탁들

실시간으로 연습하기

상대방에게 다가가서, 자신의 갈등 해결 기술을 삶의 실제 상황에 적용해 보자. 앞에서 연습할 때 작업했던 상황, 또는 상대방과 기꺼이 인간과 인간으로 연결할 마음이 드는 다른 갈등 상황 중에서 하나를 선택할 수 있다.

책의 'NVC 갈등 해결 단계─간단히 살펴보기'(p.279) 부분을 다시 본다. 상대방이 갈등 해결을 위해 당신과 함께할 의향이 있는지 확인하는 것으로 그 사람에게 다가간다. 그들이 그렇게 할 마음이 있다면, 기꺼이 하려는 그들의 마음에 감사를 표현하고 나서, 갈등을 다룰 시간과 장소를 합의하여 정한다. 각 단계에서 NVC가 추구하는 가치들을 역동적으로, 다시 말해 홀로그램 영상으로 보여 주는 방식으로 상호작용하라고 마셜이 우리를 격려한 것을 기억한다.

NVC 친구가 있다면, 미리 그 상황에 관한 역할극을 해 본 뒤, 배운 점에 초점을 맞추어 정리해 본다. 당신 자신이 공감이 필요하다는 것을 알았다면, 다른 이야기 꺼내기·분석하기·위로하기 등을 피하면서 공감해 달라고 NVC 친구에게 솔직하게 부탁한다.

갈등 중재를 위한 끼어들기

[연습 상황] 당신은 부모이고, 여섯 살짜리 딸이 오빠에게 달려드는 모습을 보고 있다. 오빠가 동생을 피해 달아나고, 동생은 오빠 뒤에다 대고 소리를 지르고 있다. "미안하다고 말해, 미안하다고 말하라고! 오빠 미안하다고 말해야 돼!"

1. 당신이라면 다음의 각 시나리오에 어떻게 반응할지 써 본다.
   오빠가 갑자기 멈춰서더니, 뒤로 돌아 누이동생의 얼굴을 똑바로 쳐다보면서 말한다.

   시나리오 1: 있잖아, 난 네가 무엇 때문에 이러는지 모르겠는데.
   당신의 반응(당신이 할 첫 번째 말, 그리고 그 말을 들을 사람):

   시나리오 2: 네가 정말로 날 사과하게 '만들' 수 있을 것 같아?
   당신의 반응(당신이 할 첫 번째 말, 그리고 그 말을 들을 사람):

   시나리오 3: 저리 꺼져, 이 꼬맹이! 네가 먼저 시작했잖아. 그러니 그만 입 좀 다물어!
   당신의 반응(당신이 할 첫 번째 말, 그리고 그 말을 들을 사람):

2. 당신의 반응이 세 경우 모두 다르다면, 그 차이(들)와 그런 선택을 한 이유(들)를 말해 본다.

만약 당신이 속한 모임에 갈등이 있다면, 이 세션에서 실시간으로 연습할 기회를 가질 수도 있다. 갈등을 겪는 당사자들뿐 아니라 모든 구성원이 기꺼이 그런 식으로 모임 시간을 쓸 마음이 있다는 점을 확인한다. 두 당사자들이 그들의 갈등을 해결하기 위해 다른 사람들로부터 중재 지원을 받을지 아닐지를 모임 전체의 결정으로 정한다.

갈등 해결 단계들을(그리고 원한다면 중재자의 역할도) 복습하고, 「제3부 함께 연습하기」의 'H. 갈등 수용하기: 기억해 둘 점'(p.73)을 언급한다.

각자가 어떤 의도를 가지고 있는지 말해 달라고 요청하는 것으로 갈등 해결 프로세스를 정식으로 시작한다. 이 프로세스를 관찰하고 있었던 사람들도 포함하여 모든 사람에게 피드백을 해 달라고 초대하는 정리 말로 끝낸다. 당신 모임이 평화를 이루려고 노력했던 것을 인정하고 그에 대해 감사를 표함으로써 정식으로 마무리한다.

함께 작업할 당면한 갈등이 모임 안에 없다면, 아래에 제시된 활동을 하나 또는 둘 다 제시하여 연습할 수 있게 해 준다.

[활동 1] '해야만 한다는 생각' 확인하기

2~4명 정도의 소그룹을 만든다. 각 그룹은 있을 수 있는 갈등을 찾아낸 다음, 그 갈등이 표현될 법한 세 가지 다른 시나리오를 만들게 될 것이다. 이 시나리오들은 이 활동의 2부에서 다른 그룹이 연습할 자료로 사용된다.

1부: 갈등 시나리오 만들기(20분)

1. 자신이 속한 소그룹에서, 220쪽의 '갈등 중재를 위한 끼어들기'에 제시된 시나리오에 자신이 어떻게 반응했는지 검토해 본다. 부모는 각 시나리오를 어떻게 다르게 중재할 수 있었을까?

2. 두 사람 사이의 실제 또는 상상의 갈등을 선택한다. 종이 한 장에 그 갈등을 두 문장 이하로 서술한다. NVC 관찰로 갈등 당사자들, 그들의 관계, 그리고 상황을 밝힌다.

[예]

나이가 지긋한 한 커플이 자신들의 결혼 60주년 파티를 위해 옷을 차려 입고 있다. 한 사람이 상대에게 특정한 예복을 입어야 하느냐고 물었는데, 배우자는 대답이 없다.

3. 이 갈등에서 파생할 법한 시나리오 세 개를 만든다. 대화는 두 문장 이하로 제한한다.

[세 가지 시나리오 예시]

시나리오 1

배우자 A: 오늘 파티에 그 예복을 입지 않으면, 이번 생에 언제 다시 그 옷을 입을 기회가 있겠어요?(한숨 ……)

배우자 B: 그게 무슨 말이에요? 왜 내가 곧 죽을 거라고 생각하지?

시나리오 2

배우자 A: 오늘처럼 특별한 날에 당신이 날 행복하게 해 줄 옷을 입는다면 정말 좋겠어요.

배우자 B: '당신을' 행복하게 해 줄 옷을 '당신이' 입는 건 어때?

시나리오 3

배우자 A: 당신은 내가 옷감을 고르고 당신 몸에 딱 맞게 의상을 주문하느라고 얼마나 많은 시간과 돈을 썼는지에 대해 전혀 관심이 없군요.

배우자 B: 그렇게 해 달라고 부탁하지 않았어요.

앞에 예시된 것처럼, 당신이 선택한 갈등에 관한 서술 아래에 당신의 세 가지 시나리오를 쓴다. 각 시나리오에 1, 2, 3 번호를 매긴다.

> ♣ 혼자서 해 본다. 갈등을 하나 기술하고 앞의 예시에서 보여 준 것처럼 세 가지 시나리오를 만든다.

2부: 갈등 해결 역할극(20분)

소그룹끼리 서로 종이를 교환한 다음, 각 소그룹은 교환한 종이에 서술된 갈등으로 연습하게 될 것이다. 구성원들은 갈등 해결 역할극을 위한 시나리오를 돌아가며 선택한다. 소그룹 구성원이 두 사람뿐이라면, 갈등을 겪는 두 당사자 역할을 하게 될 것이다. 두 사람 이상이라면 두 당사자 중 한 사람 또는 중재자 역할을 연습하게 될 것이다. 배우자 A와 배우자 B가 종이에 적힌 문장을 읽는 것으로 각 역할극을 시작한다.

> 🍄 당신이 만든 각 시나리오에 대해, 배우자 B의 반응을 듣고 난 후 배우자 A가 잠시 멈춘다고 상상해 보자. 잠시 멈춘 동안에, 배우자 A가 갈등 해결을 위해 NVC로 대화를 계속하기로 결정한다고 가정해 보자. 배우자 A가 다음에 뭐라고 말할지 적어 보자.

3부: 정리

전체로 다시 모인다. 각 소그룹은 자신들이 작업한 갈등 내용을 진술한다. 구체적인 시나리오를 가지고 작업한 한 사람이 배우자 A와 B의 첫 번째 대화를 읽고 나서, 역할극을 하면서 드러난 욕구들을 공유한다. 각 소그룹의 공유 작업이 끝나면, 이 소그룹 활동의 1부나 2부에서 생길 수 있는 의문이나 어려움, 통찰을 나눌 자리를 제공한다.

[**활동 2**] 갈등 역할극

1. 각 역할극에 30분을 준다. 가능하다면, 생생하게 연습할 기회를 더 많이 가질 수 있도록 3~4명으로 된 소그룹을 만든다. 각 그룹에 (가로 세로 약 10x12cm 정도로 자른) 종이 여러 장과 굵은 매직펜을 나누어 준다.

2. 각 소그룹 구성원들은 누가 다음 역할을 맡을지 결정한다.

   역할 A: 주인공. 주인공은 상대와 기꺼이 가슴으로 연결할 마음이 있는 갈등을 선택한다.

   역할 B: 상대

   역할 C: 시간지킴이

   역할 D: 기록자(구성원이 3명뿐이라면 시간지킴이가 기록자 역할도 맡는다.)

   주인공과 상대방은 같은 높이로 서로 얼굴을 마주 보며 앉는다.

3. 주인공(역할 A)이 상대(역할 B)에게 직접 갈등을 상세히 설명한다.

   ● 두 사람의 관계: 예를 들자면, "나는 재봉사이고, 당신은 내 고객입니다."

   ● 갈등: 예를 들자면, "당신은 나한테 드레스 길이를 줄여 달라고 했어요. 나는 이 일을 마치느라고 몇 시간이 걸렸는데, 당신은 지금 나한테 너무 짧아서 수선비를 낼 수 없다고 합니다."

참고

'실제로 일어난 일'을 핵심만 짧게 말함으로써 그룹의 시간을 절약한다.

4. 주인공이 갈등 해결을 위한 NVC 모델을 적용해서 역할극을 시작한다. 말하기 전에, 주인공은 상대방과 진심에서 우러나와 연결하고 싶은 마음이 있는지 침묵으로 체크인한다.

5. 어느 쪽이든 자신들의 어떤 욕구가 상대방에게 잘 전달되었다는 것을 느낄 때마다 손을 든다. 그때 기록자는 그 욕구말을 크게 써서 그 사람 앞에 놓아 준다. 대화하는 과정에서 양쪽 당사자들은 많은 욕구를 확인하게 될 것이다.

참고

역할극은 양쪽 당사자들이 자신들의 욕구를 충족시켜 줄 한 가지 수단/방법에 동의하고 갈등이 만족스럽게 해결되었을 때 끝낸다.

6. 10분이 끝날 무렵, 역할극이 여전히 진행 중이라면, 시간지킴이는 역할극을 하는 두 참가자에게 역할을 바꾸고 자리를 바꾸어 앉으라는 신호를 보낸다. 이제 주인공이 상대역을 하게 된다.

그룹 전체가 조용히 멈추고 각 당사자 앞, 바닥에 놓인 욕구말들을 바라본다. 새로운 주인공은 가슴에서 우러나와 연결할 마음이 있는지 체크인한다. 어느 쪽이든 각자가 맡은 새로운 역할에 따라 먼저 말하기 시작할 수 있다.

7. 5분쯤 후에, 시간지킴이가 두 당사자에게 원래의 역할과 자리로 돌아가라고 신호할 것이다. 다시 한 번, 그들은 바닥에 놓여 있는 욕구들을 확인한다. 주인공은 이 역할극을 끝마치기 위한 마지막 5분을 시작하기 전에 온전히 연결할 의향이 있는지 관찰한다.

8. 시간지킴이는 역할극이 끝났다는 신호를 보낸다. 모임을 정리하는데, 주인공부터 시작한다. 무엇을 배웠는지, 어떤 도전이 있었는지, 무엇을 다르게 할 수 있었는지, 그리고 연습(특히 어떤 종류의 연습)을 더 많이 하면 이 연습에서 기르려는 기술들이 더 연마될지 깊이 생각해 본다.

[개인 연습]

중재를 위한 끼어들기

시나리오 1

1. 여동생한테 말하기: "너한테 무슨 일이 있는지 잘 들어 주었으면
   해서 많이 속상해?"

시나리오 2

2. 오빠한테 말하기: "무슨 말을 할지 또는 하지 않을지 결정할 사람
   은 바로 너라는 점을 분명히 하고 싶니? 동생이 무엇 때문에 속상
   한지 들어 볼 마음 있니?"

시나리오 3

3. 오빠와 여동생에게 말하기: "너희 둘 다 너무 답답하니? 너희 얘기
   가 서로에게 잘 전달되기를 원해?"

[**활동 1**] '해야만 한다는 생각' 확인하기, 1부-3

배우자 A의 다음 말—시나리오 1

1. "짜증나요? 내가 왜 이런 말을 하는지 이해하고 싶은가 보군요?"

배우자 A의 다음 말—시나리오 2

2. "음, 당신은 누구나 자신의 행복은 스스로 책임지기를 바라는 거예요?"

배우자 A의 다음 말—시나리오 3

3. "그건 오롯이 내 선택이었다는 것을 이해하고 싶다는 말이에요? 그래요, 맞아요. 당신을 위해 그 예복을 준비하기로 한 건 내 선택이었어요. 그런데 당신은 그 일에 관해 내가 어떻게 느끼는지 들을 마음이 있기는 한가요?"

보호를 위한 힘 쓰기

제12장

개인 과제

[책 복습]

1. 어떤 상황에서 우리는 힘을 사용하기로 선택하는가?

2. 보호를 위해 힘을 사용할 때와 처벌을 위해 사용할 때의 차이를
   다음과 같은 측면에서 생각해 본다.
   ● 힘을 사용할 때 그 뒤에 있는 의도
   ● 인간이 실수를 하는 이유와 그것을 바로잡는 방법에 관한 가설들

3. 아이들에게 체벌을 가하는 것에 대해 마셜이 특히 염려하는 점은

무엇인가?

4. 체벌 외에 또 다른 어떤 형태의 처벌들이 언급되고 있는가?

5. 사람들의 행동을 바꾸기 위한 수단으로 처벌을 사용할 때 나타날 수 있는 부정적인 결과는 무엇인가?

6. 다른 아이를 때린 아이에게 벌을 내리는 대신, 마셜은 어떻게 하라고 권하는가?

7. 우리가 원하는 대로 하도록 만들기 위해 누군가에게 처벌의 위협을 가하기 전에 우리 자신에게 물어볼 두 가지 질문은 무엇인가?

8. 아이들이 자신들의 방을 청소하는 일반적인 동기는 무엇인가? 부모들은 아이들이 어떤 마음에서 자신들의 방을 청소하기를 바라는가?

9. NVC는 어떤 수준의 도덕적 성장이 발현되도록 도와주는가?

10. 마셜은 '아무것도 하지 않는 교실'의 성공 요인이 무엇이라고 보고 있는가?

[개인 연습]

1. 보호를 위해 힘을 사용했던 때를 떠올려 보자. 그 상황에서 사용한 힘을 '보호를 위한 힘의 사용'으로 보는 근거는 무엇인가? 그 반면에, 같은 상황에서 처벌을 위해 힘을 사용하는 것을 상상해 볼 수 있는가? 그렇다면 그 두 상황의 차이는 무엇인가?

2. 당신이 지금 후회하고 있는, 다른 사람에게 해를 끼쳤던 일을 떠올려 볼 수 있는가?

   a. 당신은 무엇 때문에 그런 행동을 하게 되었다고 생각하는가?
   b. 당신이 그런 행동을 한 이유는 당신이 나쁘기 때문인가?(의지박약도 포함되는 사악함) 또는 무지하기 때문인가?(가치관과 의도대로 살아가는 기술의 부족) 아니면 또 다른 이유가 있는가?
   c. 만일 당신이나 다른 사람들이 악하기 때문에 그런 행동을 했다고 믿는다면, 그런 악함을 어떤 식으로 바로잡고자 하는가?
   d. 만일 그런 행동이 무지에서 나왔다고 믿는다면, 당신은 어떤 종류의 교정 과정을 권하겠는가?

3. 국가의 교도행정 체계를 처벌이 아닌 보호를 위해 힘을 사용하는 방향으로 바꾸기 위해 당신은 어떤 제안을 할 수 있겠는가?(복역 중인 사람들에게: 당신은 자신의 경험을 바탕으로 청원할 수 있겠는가?)

4. 자녀를 가진 사람들을 위한 연습: 당신의 아이들이 했으면 하거나 좀 더 자주 했으면 하는 행동 다섯 가지를 적어 보자. 그리고 각각의 행동 옆에 아이들이 어떤 동기에서 그렇게 하기를 바라는지 써 보자.

5. 다음은 'NVC로 애도하기' 연습이며, 제9장에서 해 본 연습의 연장이다. 이 연습은 우리들이 실수를 직시하고, 처벌(죄책감과 수치심으로 자신을 처벌하는 것을 포함하여)이 아닌 다른 방법으로 성장할 수 있는 방법을 다루고 있다.

    a. 앞의 2번에서 언급한 지금 후회하고 있는, 다른 사람에게 해를 끼쳤던 그 일을 떠올릴 때 당신은 그 행동에 대해 스스로에게 어떻게 말하고 있는가?
    b. 위의 a에서 당신이 스스로에게 NVC로 말하고 있는지 살펴보자. 만약 아니라면, 그것을 NVC의 네 요소를 사용하여 바꾸어 보자.

- 내가 _____ 을(를) 다시 생각해 볼 때(당시의 행동에 대한 당신의 관찰)
- 나는 _____ 을(를) 느낀다.
- 왜냐하면 나는 _____ 이 필요하기(중요하기) 때문이다.(또는 나의 _____ 에 대한 욕구가 충족되지 않기 때문이다.)
- 그래서 나는 스스로에게 _____를 부탁하고 싶다.

[예]

- 내가 아이에게 "네가 좋든 싫든 너는 학교에 가야 돼!"라고 한 것을 생각할 때,
- 나는 마음이 아프다.
- 왜냐하면 나는 이해와 지원을 중요하게 여기기 때문이다.
- 자신에게 하고 싶은 부탁은, 아이에게 내가 정말로 하고 싶었던 말들을 적은 다음 그것을 화장실 거울에 붙여 놓아 다음번엔 공감할 수 있도록 도움을 받는 것이다.

c. 자, 지금 당신이 후회하고 있는 그 행동을 했던 상황으로 다시 돌아가서 그 당시의 외적인 상황(그곳에서 일어났던 일)과 내적인 상황(내면에서 일어났던 일)을 떠올려 본다. 지금 후회하고 있는 그 행동을 했던 당시의 당신에게 공감을 해 보자.

- 내가＿＿＿＿＿＿＿＿을(를) 보았을 때(들었을 때, 생각했을 때)
- 나는＿＿＿＿＿＿＿을(를) 느꼈다.
- 왜냐하면 나는＿＿＿＿＿＿＿＿＿이 필요했기 때문이다.
- 그때 그 욕구를 충족하기 위해 내가 선택한 수단은＿＿＿＿＿＿
  ＿＿＿＿＿＿이었다.(지금 내가 후회하고 있는 바로 그 행동)

[예]

- 아들이 "엄마, 나 내일 학교 안 갈래. 다시는 안 갈 거야!"라고 하는 말을 들었을 때

- 나는 두렵고 절망스러웠어.
- 왜냐하면 나는 배움과 자립하는 삶을 중요하게 여기기 때문이야.(나는 아이가 독립적이고 생산적인 삶을 살아갈 수 있는 능력을 배우고 있다는 것을 알고 싶었어.)
- 내가 이 욕구를 충족하기 위해 선택한 수단은 "네가 좋든 싫든 너는 학교에 가야 돼!"라고 말하는 것이었어.

진행자를 위한 안내

이번 장은 인간 행동에 관한 이론들, 그리고 그것들의 사회적 연구 사례들과 그 결론에 대한 여러 가지 의문을 불러일으킬지도 모른다. 진행자로서 그러한 논의에도 초점을 맞추되, 한편으로 제기되는 의문점을 명확하게 규정하고 사안별 논의 시간을 한정함으로써 논의를 일정 수준으로 제한한다. 서로 다른 의견들로 논쟁이 뜨거워지면 구성원들에게 이때를 듣기, 되풀이해 말해 주기, 그리고 천천히 하기를 연습하는 기회로 삼도록 권한다.

지난 몇 달에 걸쳐 모임에서 해 왔던 연습 활동을 가지고 계속한다. 당신이 모임에서 아직 역할극을 진행해 본 적이 없다면 아래의 활동을 소개하기 전에 이 워크북에 있는 '역할극을 위한 제언'(p.86)을 읽어 보는 것이 좋다.

[활동 1] 학교 운동장에서 생긴 일

　교육 현장에서 벌어지고 있는 비난과 처벌에 관한 다음 일화를 가지고 함께 생각해 보자.

학교 운동장

1. 어떤 일이 일어난다.
2. 다른 어떤 일이 일어난다.
3. 또 다른 어떤 일이 일어난다.
4. 자메이카 출신의 한 아이가 다른 백인 아이에게 "이 흰둥이 놈!"이라고 말한다.
5. 백인 아이는 자메이카에서 온 아이에게 "이 검둥이!"라고 말한다.
6. 아이가 선생님에게 달려가 말한다. "선생님, 쟤가 나보고 '검둥이'라고 했어요."
7. 선생님이 백인 아이를 불러 말한다. "우리 학교에서 인종차별은 용납 못 해! 교장실에 가서 오늘 수업 끝날 때까지 있도록 해."

다음 날 아침

8. 백인 아이의 부모가 교장에게 전화를 걸어 항의한다. "글쎄, 우리 아이가 이런 일을 당했다구요. 이런 말도 안 되는 역차별에 대해 해당 선생님과 학교로부터 사과를 받아야겠어요."

아래에 있는 각각의 사람에게 공감하는 말을 써 본다.

　　a. 자메이카 아이

　　b. 자메이카 아이가 하는 말을 들었을 때의 백인 아이

　　c. 선생님

　　d. 교장실로 보내졌을 때의 백인 아이

　　e. 백인 아이의 부모

　　f. 교장

이제 각 사람이 여러분이 적은 말로 공감을 받았다고 상상해 본다. 만약 실제로 그랬다면 상황이 어떻게 달라졌으리라고 생각하는가?

> ♣ 앞의 연습을 혼자서 해 본다.

예시 답안

[활동 1] 학교 운동장에서 생긴 일

아래에 예시된 공감에는 느낌과 욕구만 표현되어 있을 뿐 부탁은 나와 있지 않다. 부탁은 일련의 공감 어린 상호작용을 거쳐 상대가 충분한 공감을 받고 상황에 대한 해결책을 말할 준비가 된 다음에야 나올 수 있는 것이다.

1. (자메이카 아이에게:) 모두가 함께 놀이에 참여할 수 있기를 바랐기 때문에 실망했니?

2. (백인 아이에게:) 좀 더 존중받고 싶었기 때문에 화가 났니?

3. (선생님에게:) 이 학교가 인종에 관계없이 서로 존중하는 것을 가르치고 모범이 되는 것을 보고 싶기 때문에 걱정되세요?(보편적인 욕구: 존중)

4. (백인 아이에게:) 무슨 일이 있었는지 네 처지를 이해받고 싶었기 때문에 화가 났니?

5. (백인 아이의 부모에게:) 원칙이 지켜지는 것이 중요하고, 모든 사람이

동등하게 존중받기를 원하기 때문에 놀라고 속상하셨나요?

6. (교장에게:) 힘드시죠? 또, 이 일이 서로간의 이해를 통해 조화롭게 해결되리라는 확신이 필요하신가요?(보편적인 욕구: 이해와 조화)

> ♣ 앞의 예시 답안을 읽어 보고, 당신의 답과 비슷하거나 다른 점에 대해 생각해 본다. 그러한 차이점과 관련하여 무엇을 깨달았는가? 예시 답안을 살펴본 후 당신의 대답을 어떻게 수정하겠는가?

자신을 자유롭게 하고 다른사람을 돕기

제13장

[책 복습]

1. 어린 시절뿐 아니라 성인이 되어서도 우리 모두는 우리가 무엇인가 부족하고 기대치에 미치지 못한다는 식의 메시지들을 들어 왔다. 우리는 이러한 메시지들과 그것들이 우리 삶에 일으키는 고통을 의식조차 못 하는 경우가 많다. 그 이유는 무엇인가?

2. 욕구에 관한 우리의 인식 능력이 부족한 것에 대해 마셜은 어떤 역사적 이유를 들고 있는가?

3. 우리가 자신의 욕구를 인식하지 못하도록 막고 있는 문화적 훈련의 예를 들어 보자.

4. 문화적 조건화에 의해 만들어진 제약과 고통으로부터 어떻게 우리 자신을 자유롭게 할 수 있을까?

5. 마셜에 의하면, 우리가 무엇으로부터 단절되었을 때 우울증이 나타나는가?

6. 힘들거나 스트레스를 받는 상황에 놓였을 때 마셜은 우리에게 무엇에 집중하라고 제안하는가?

7. 마셜은 고속도로에서 운전하는 동안에 분노를 일으키는 생각들로부터 어떻게 자유로워졌나?

8. 마르틴 부버가 "심리치료사 역할을 하는 사람이 과연 실제로 심리치료를 할 수 있는가?"라는 물음에 회의적인 이유는 무엇인가?

9. 고통을 받고 있는 사람을 상담할 때, 마셜은 그 사람에게 어떤 문제가 있는가라는 관점에서 생각하는 대신, 스스로에게 어떤 질문을 던지는가?

[개인 연습]

참 고

아래의 1번을 연습하는 데에는 일주일의 시간이 필요하다.

1. 일주일간 자신의 생활을 관찰한다. 일주일을 보내면서 가장 스트
   레스를 받았던 때가 언제인지 주의해서 본다.(예를 들자면, 아침에 일
   어날 때, 심하게 정체된 도로에서 운전할 때, 아이들이 싸울 때, 강의할 때, 상
   사와 미팅할 때, 엄마에게 전화할 때 등) 심한 스트레스를 받는 그 순간
   에 당신이 어떤 생각을 하고 스스로에게 어떤 말을 하는지에 특히
   주의를 기울여 본다. 가능하다면 그 상황에서 여러분의 머릿속에
   떠오르는 말들을 그대로 적어 본다.

   a. 하루의 끝이나 한 주가 끝나 갈 때쯤, 당신이 관찰한 내면의 대
      화와 생각들을 다시 한 번 살펴본다. 거기에 당신 자신이나 상
      황, 또는 다른 사람에 대한 평가가 있었는가? 당신의 생각들은
      또 다른 형태의 삶을 소외시키는 대화 유형은 아니었는가? 그것
      들을 느낌과 욕구로 바꾸어 보자.
   b. 자신에게 질문해 보자. '이 상황에서 내가 정말로 일어나기를 원
      하는 것은 어떤 것인가?'
   c. 그런 다음 물어본다. '이 상황에서 내가 진정으로 원하는 변화
      를 가져오기 위해서 나는 구체적으로 무엇을 할 수 있는가?'

2. "우리 모두는 좋은 의도를 가진 부모, 교사, 성직자, 그 밖의 다른 사람들로부터 우리를 인간적으로 제약하는 것들을 배워 왔다." 어렸을 때 자신에 관해 배운 것 중에 당신을 인간적으로 제약했 거나 지금도 제약하고 있는 것은 무엇인가?

3. "……그래서 이런 파괴적인 대물림을 알아차리고, 그것들을 가치 있고 삶에 도움이 되는 생각과 행동으로 전환하는 데에는 많은 에너지와 자각이 필요하다." 당신이 만약 이러한 전환을 이루고 싶다면, 당신은 삶 속으로 그 '많은 에너지와 자각'을 불러들이기 위해 구체적으로 무엇을 하고 있는가? 아니면, 앞으로 어떤 일을 할 수 있을 것인가?

4. 당신의 내적 갈등을 하나 들어 보자. 가능하면 현재 진행 중인 것 으로 생각해 본다.

　　a. 당신의 내면에서 갈등하는 목소리들이 내는 소리들을 적어 보자.
　　b. 각각의 목소리들을 NVC의 네 요소를 사용하여 바꾸어 보 자.[『비폭력대화』 제13장 '내적 갈등 해결하기'(p.331)에 나오는 '직장 여성'과 '책임감 있는 엄마'의 대화를 참고한다.]

5. 당신은 어떠한 '내면 환경'을 경험하고 싶은가? 그러한 '내면 환경' 을 위하여 당신은 무엇을 할 수 있는가?

이번 주 연습모임에서는 내면의 대화가 주제라는 점을 강조한다. 참석자들에게 자신의 머릿속에서 오가는 말들에 특별한 주의를 기울이도록 부탁한다. 각자가 연필과 종이를 가까운 곳에 준비해 놓고, 모임 동안 자신의 머릿속에서 일어나는 내면의 대화를 적어 보면 유용하다. 활동 중간중간에, 원하는 사람들에게 자신이 적은 것을 나눌 수 있는 기회를 준다. 삶을 소외시키는 내면의 대화를 NVC로 표현하도록 도와준다.

오늘 모임에서 하고 싶은 활동을 선택해 보도록 참석자들에게 요청한다. 평상시에 하는 유용한 활동 외에 아래에 나오는 활동들도 고려해 보자.

- '개인 연습' 1번과 4번에 대한 답변 나누기
- 아래의 [활동 1] 고통을 겪고 있는 사람 대하기(1시간 정도 필요)
- 아래의 [활동 2] 내면 대화를 바꾸어 보기(20분 정도 필요)

참석자들이 심리치료나 개인 연습 부분에서 나온 문제들에도 관심이 있다면, 실제로 연습하는 시간을 충분히 가질 수 있도록 하기 위해 그러한 관심사는 토론할 시간을 따로 정하는 것이 좋다.

[활동 1] 고통을 겪고 있는 사람 대하기

역할극 연습: 고통을 겪고 있는 사람이 우리가 직접적으로 관계되지 않은 문제에 관하여 우리에게 위안을 받으려고 찾아왔을 때 NVC로 반응하기

1. 파트너를 찾아서 둘씩 짝을 짓는다.

2. 짝이 맞지 않으면 남는 한 사람이 시간지킴이 겸 관찰자 역할을 하고, 마지막 8번까지 끝나면 시간지킴이를 바꾸어 계속한다.

3. 누가 A 역할을 하고 B 역할을 할 것인지 정한다.

4. 시간지킴이는 모두에게 1분간 침묵하자고 제안한다.

5. 침묵하는 동안 A는 최근 힘들었던, 그래서 그로부터 편해지고 싶은 상황을 마음속에 떠올려 본다.

6. B는 NVC 의식에 마음을 모으고, 수용하는 마음으로 다음의 내용을 찾아 듣는다.
   a. 이 사람은 지금 무엇을 느끼고 있는가?
   b. 이 사람의 욕구는 무엇인가?
   c. 이 사람에게 반응하고 있는 나의 느낌은 무엇인가? 그리고 그 느낌 뒤의 욕구는 무엇인가?

d. 이 사람의 삶을 좀 더 행복하게 해 주리라고 믿으면서 나는 어떤 구체적인 행동이나 결정을 이 사람에게 제안해 볼 수 있을까?

7. 20분 동안 서로 말을 주고받는다. 이때 두 사람 다 자기 자신의 실제 역할(친구나 NVC를 연습하는 사람 등)을 그대로 할 수도 있고, 파트너 B가 동네 방범 도우미, 법률 고문, 아이의 선생님, 선출직 공무원, 간호사, 상담가 등 상대방의 말을 NVC로 편안하게 들어 줄 수 있는 사람의 역할을 할 수도 있다.(역할을 선택하느라 시간을 많이 보내지 않도록 한다.)

8. 시간지킴이: 20분이 지나면 시간이 다 되었음을 알린다. 그런 다음 추가로 10분을 더 주어 역할극을 마치게 하고, 그들이 배우고 느낀 것에 대해 이야기를 나누도록 한다.

시간지킴이를 바꾸고, 파트너 A와 B가 각자의 역할을 바꾸어 앞에서 나온 5~8단계를 반복한다.

> ♣ 내면의 대화에 나오는 두 역할을 혼자 다 하면서 [활동 1]을 해 본다. 내면의 대화를 노트에 기록한다.

[활동 2] 내면 대화를 바꾸어 보기
1. 한 사람이 다음 쪽에 나와 있는 내면의 대화를 천천히 감정을 실어 소리 내어 읽는다.

2. 다른 사람들은 그 말 뒤에 숨겨진 느낌과 욕구에 귀 기울인다.

3. 한 사람씩 차례대로 돌아가면서 내면의 대화를 한 문장씩 NVC로 바꾸어 표현해 본다.

4. 모든 피드백과 논의가 끝나면 다시 한 사람이 원래의 내면 대화 내용 전체를 소리 내어 읽는다. 그러면 다른 한 사람이 참가자들이 같이 이해하고 배운 것을 반영하여 NVC로 바꾼 내면의 대화를 뒤따라 읽는다.

'내가 지난 파티에서 음식을 꾸역꾸역 먹은 걸 생각하면…… 정말 역겨워. 나는 정말 의지박약이야. 최소한의 자기 절제도 찾아볼 수 없는 인간이야. 나처럼 먹는 사람은 아무도 없었어. 내가 계속 이런 식이면 문도 옆으로 서서 지나가야 할 거야! 사람들이 나를 보고 역겹다고 생각하겠지. 칫!…… 내가 그러든 말든 자기네들이 나를 판단할 권리가 어디 있어? 자기들이나 잘하라지……. 어쨌든 난 사람들 시선에 신경 쓸 필요 없어. 난 내가 좋아하는 걸 즐길 권리가 있어. 그게 도대체 뭐가 잘못됐는데? 아, 제발…… 바보같이 굴지 마. 너 자신을 속이려 들지 마……. 그렇게 많이 먹는 게 잘못됐다는 건 누구보다도 너 자신이 잘 알잖아…….'

♣ [활동 2]를 혼자서 해 보고, 부정적인 내면의 대화를 NVC로 바꾸어 본다.

[활동 2] 내면 대화를 바꾸어 보기

'지난번 파티에서 내가 먹었던 음식의 양을 생각하니 실망스럽다. 나는 내가 먹고 싶은 양만큼만 먹을 수 있다고 나 자신을 믿을 수 있으면 좋겠어. 나는 걱정이 돼. 왜냐하면 나는 다른 사람들이 호감을 느낄 수 있는 외모를 가지고 싶고, 그래서 다른 사람들이 나를 받아주기를 원하기 때문이야. 그러나 내가 더욱더 원하는 것은 다른 사람들이 뭐라고 하든 내가 나 자신을 수용할 수 있게 되는 거야. 나는 다른 사람의 판단에 나를 맞추기보다는 내게 행복을 가져다주고 내 삶에 보탬이 되는 선택을 할 거야. 그런 선택을 하려면 나 자신을 있는 그대로 받아들일 필요가 있어. 나는 내가 즐기는 것을 축하하고 싶어. 내가 먹는 음식 하나하나가 가진 모든 맛을 충분히 즐기고 말이야……. 음…… 그러면서도 나는 지금의 모습을 유지하면서, 그리고 먹고 나서도 즐거울 수 있는 방식으로 먹겠다는 선택도 지키고 싶어. 자, 이 두 가지 욕구를 행복하게 충족하려면 내가 지금 무얼 할 수 있을까?'

> 🍀 예시 답안을 읽고 자신의 답과 비교해 본다. 어떤 차이점을 보았는가?

제14장

NVC로 감사 표현하기

개인 과제

[책 복습]

1. 칭찬과 감사가 어떤 식으로 표현되면 삶을 소외시키는 대화가 되는가?

2. 기업의 관리자나 교사들이 칭찬이 "효과가 있다!"라고 말할 때, 그들이 의미하는 것은 무엇인가? 또, 그러한 주장에 대해서 마셜은 어떤 의심을 품고 있는가?

3. 마셜이 다른 사람의 행동에 영향을 미치려고 긍정적인 피드백을

제4부_ 제14장: NVC로 감사 표현하기

주는 것에 대해 염려하는 점은 무엇인가?

4. NVC를 사용하여 감사를 표현하는 목적은 무엇인가?

5. NVC로 감사를 표현할 때 명확히 할 세 가지 요소는 무엇인가?

6. 우리 대부분이 감사를 편한 마음으로 받아들이지 못하는 이유는 무엇인가?

7. 감사를 받을 때 어떤 태도를 취하면 우월감이나 거짓 겸손을 피하는 데 도움이 되는가?

8. 줄리어스 삼촌에게 감사를 표현하려 했을 때 마셜이 자기 내면에서 느낀 망설임은 어떤 것이었나?

[개인 연습]

감사하는 마음 기르기

베트남 출신의 시인이자 스님인 틱낫한은 그의 책 『평화로움(Being Peace)』에서 다음과 같이 말하고 있다.

"만일 당신이 시인이라면 이 종이 위에서 떠다니는 구름 한 점을 분명히 볼 수 있을 것이다. 구름 없이는 물이 없고, 물이 없이는 나무가 자라지 못하며, 나무 없이는 종이를 만들 수 없다. …… 그리고 만일 당신이 더 깊이 들여다본다면…… 당신은 그 속에서 구름과 햇빛뿐 아니라 벌목꾼에게 양식이 된 빵과 그 원료인 밀, 그리고 벌목꾼의 아버지도 볼 수 있을 것이다. 그 모든 것이 이 종이 위에 있다."

우리의 삶이 서로 연결되어 있다는 이해가 살아 있는 현실로 될 때, 우리가 사는 매 순간에 기쁨과 감사가 솟아난다. NVC 의식을 통해 우리는 매 순간 삶의 에너지와 우리가 소중하게 여기는 것에 깊이 연결될 수 있고, 우리는 우리의 삶과 보편적 욕구들이 여러 면에서 지원을 받고 있다는 것을 점점 더 알게 된다.

1. 음식에 대해 차분히 생각하며 먹을 수 있는 식사 시간을 택한다.
   ● 식탁 위에 무엇이 보이는가?
   ● 어떤 재료들이 보이는가?
   ● 어떤 생명체 또는 어떤 생명체의 희생이 있는가?
   ● 어떤 이의 손, 마음, 땀, 그리고 꿈들이 있는가?

"우리가 먹는 모든 것의 본래 모양을 생각해 봄으로써 우리가 얼마나 서로 연결되어 있는가에 대한 이해를 기를 수 있다. 빵을 볼 때에는 그것을 이루는 밀을 마음에 그려 보고, 우유에서는 소를, 완두콩에서는 콩꼬투리를, 물고기에서는 바다를, 그리고 이 모두를 키우는 태양을 그려 본다. 감사와 존경하는 마음으로 성찬식에서처럼 우리

는 삶의 신성한 근원을 받아들인다." –스티븐 레빈(Stephen Levine)

참고

아래의 개인 연습 2번은 한 달에 걸쳐서 하는 연습이다.

2. 한 달 동안, 매일 '지난 24시간 동안 내가 감사하는 어떤 일이 있었나?'라고 자신에게 물어보자. 이 연습은 잠깐이면 할 수 있지만, 일상에서 규칙적으로 하는 일들(아침에 일어날 때, 출퇴근할 때, 점심 식사할 때, 저녁 뉴스 볼 때 등)을 전후로 시간을 정해 매일 꾸준히 일관성 있게 하도록 노력해 본다.

3. 당신의 삶에서 당신이 고맙게 생각하는 일을 했거나 현재 하고 있는 사람을 생각해 보자. 그 사람에게 NVC로 감사를 보내 보자. 그것은 간단한 메모일 수도 있고, 장문의 편지가 될 수도 있다. 그 편지를 보낼 때 당신이 무엇인가를 보답으로 기대하고 있는지 의식해 본다.(만일 어떤 것을 기대하고 있다면 명확한 부탁을 해 볼 수도 있다. 그 부탁 뒤의 느낌과 욕구를 표현하는 것을 기억한다.)

4. 당신은 누구에게서 어떤 감사의 말을 들으면 기뻐서 껑충껑충 뛸 것 같은가?

5. 일상 대화에서 칭찬을 받았을 때 그것을 관찰, 느낌, 욕구의 표현으로 바꾸는 연습을 해 본다. 처음에는 칭찬을 들었을 때 속으로

이렇게 바꾸어 보는 것이 좋다. 한동안 연습을 하고 나면 상대방이 그것을, 무언가를 교정하려는 행동이나 자화자찬이 아니라 쌍방이 함께 축하하기 위한 것으로 들으리라는 확신이 생길 것이다.

[예]

a. 마음속으로 자신에게(고객에게 막 배달을 마친 상황에서):

'고객은 그저 "수고 많았어요!"라고 말했어. 만족스러운 것 같아. 그 사람은 행복해. 왜냐하면 내가…… 아니, 잠깐, 욕구가 뭐지? 그래 맞아. 그 사람은 행복해. 왜냐하면 그는 주문한 가구들이 흠 하나 없이 제때에 배달된 걸 봤으니까. 그 사람의 욕구는 안전과 신뢰이고, 그게 충족된 거야.'

b. 밖으로(상대방에게):

고객: 수고 많았어요!

당신: 감사합니다. 가구들이 안전하게 제 시간에 배달돼서 안심이 되세요?

당신의 행동이나 말로 충족된 고객의 욕구를 들은 다음 스스로에게 질문해 보자. '지금 나의 느낌은 어떠한가? 그리고 그렇게 느끼는 이유는 무엇인가?' 이것이 바로 '자기 감사'이다:

'나는 삶에 기여하고자 하는 욕구와, 내가 하겠다고 말한 것을 지키는 언행일치의 욕구가 충족되었기 때문에 마음이 가뿐하다.'

이번 모임에서는 이 책과 이 과정을 마치는 감사의 기쁨을 표현하기 위한 시간을 충분히 가진다. 체크인이나 모임을 끝맺는 의식 등도 감사로 엮어 보자.

[활동 1] 역할극

a. 5분간 조용히 당신의 삶 속에서 감사한 마음이 드는 사람을 마음에 떠올린다. 그들이 한 일과 그때 당신의 느낌과 충족된 욕구가 무엇이었는지 회상해 보자.(당신이 감사하기로 선택한 사람이 반드시 생존해 있는 사람일 필요는 없다.)

b. 상대방 역할을 해 줄 사람을 찾아 그에게 당신의 감사를 NVC로 충분히 표현한다.

c. 듣는 사람의 역할: 감사를 공감으로 듣는다. 감사를 충분히 음미한 뒤 내면에서 어떤 느낌이 일어나는지, 그리고 그 느낌이 어디에서 오는지(예를 들자면 느낌 뒤의 욕구)를 표현한다.

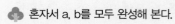 혼자서 a, b를 모두 완성해 본다.

[활동 2] 모임의 누군가에게 감사하기

이 활동은 모임 중간중간 언제라도 할 수 있다. 누군가가 방금 전에 한 행동이나 말에 대해 감사를 표현하기 위해 언제라도 모임의 진행을 잠시 멈출 수 있도록 특정한 몸동작이나 "제가 감사할 게 있어요."와 같은 문구를 사용하기로 정한다.

♣ 친구나 가족, 직장 동료들에게 이러한 방식으로 감사를 표현해 본다.

(**진행자에게:** 오늘 전체 모임이 이러한 끼어들기로 채워져서 예정했던 연습 활동이 뒷전이 되었다면, 그에 대해 당신 자신과 모든 참석자들에게 축하를 보내자.)

[활동 3] 개인 연습 함께 나누기

앞서 나온 개인 연습의 다섯 개 항목 중에서 자신이 배운 것을 나누고 싶어 하는 사람이 최소한 한 사람이라도 있는지 확인한다.

만일 개인 연습 4번을 집에서 해 본 사람이 많지 않다면, 모임에서 시간을 내어 4번을 같이 해 본다.(당신은 어떤 감사의 말을 들으면 기뻐서 껑충껑충 뛸 것 같은가?)

[활동 4] 자기 자신에게 감사하기

진행자가 참석자들에게 다음과 같은 질문을 한다.

- 자신의 어떤 면에 대하여 감사하고 있는가? 그 이유는 무엇인가? 만일 스스로에게 감사하는 부분이 내면의 어떤 자질/품성이라면, 당신이 했던 말이나 행동 중에서 그것을 보여 주는 사례를 기억할 수 있는가?
- 그와 같은 행동이나 자질/품성으로 충족되는 가치관이나 욕구는 무엇인가?
- 자신의 이런 면들에 대해 감사하고 있음을 알았을 때 어떤 느낌이 드는가?

다 같이 5분간 침묵하는 시간을 가지고 난 뒤에 돌아가며 한 사람씩 자기 자신에게 감사를 표현한다. 한 사람이 자신에게 감사를 표현하고 나면, 다음 사람이 시작하기 전에 다 함께 두 호흡 정도 침묵한다. 의견을 나누는 것은 모두가 자기 감사 표현을 마친 다음에 한다.

이 활동 끝에, 자기 자신에게 감사하고, 그것을 다른 사람 앞에서 표현하고, 또 다른 사람들이 그렇게 하는 것을 보면서 느낀 점들에 대한 피드백을 요청한다. 피드백을 할 때 자신들의 경험을 분석하여 말하기보다는 다음과 같이 자신의 느낌과 욕구에 연결하도록 권한다.

습관적인 피드백 표현: "나는 이렇게 여러 사람 앞에서 자기 자랑은 별로 안 하는 편이라서 처음엔 정말 어색했어요. 그런데 다른 사람들이 모두 하는 것을 보니까 해도 괜찮을 것 같았어요……"

NVC 피드백 표현: "처음에 나는 약간…… 쑥스러웠어요. 긴장도 되고요. 아마도 수용과 이해가 있으리라는 신뢰가 필요했던 것 같아요. 그런데 모두가 하는 걸 보니까 마음이 좀 놓이고 편안해져서, 제가 뭐 건방지다든가 하는 평가를 받지 않고 우리가 서로를 수용할 수 있으리라는 신뢰가 생겼어요."

 앞의 활동을 스스로 해 보고, 노트에 대답을 적어 본다.

[활동 5] 감사하는 마음 기르기

매일 감사하는 실천은 우리의 삶에 근본적인 변화를 가져올 수 있다. 필요한 것은 하루에 단지 몇 분의 시간을 내는 것이지만, 새로운 습관을 들이는 데에는 결의가 필요하다. 우리의 이런 의도에 대해 지지를 주고받을 수 있는 연습모임이 있다는 것은 참으로 다행스러운 일이다.

진행자에게: 개인 연습 2번의 안내 사항을 다시 읽어 본다. 이 연습을 시도해 보고 싶은 사람이 있는지, 만약 그렇다면 나머지 사람들이 그들을 어떻게 지원할 수 있는지 물어본다. 이 한 달 동안 감사 연습을 해 보려는 사람들이 각자 구체적인 횟수와 장소를 생각해 보고, 그 정보들을 모임 전체와 나누고, 또 다른 사람들은 어떻게 하고 있는지에 대해 의견을 들어 보면 도움이 된다. 다음 한 달에 걸쳐 모임 때마다 반드시 이 연습에 관한 개인적인 진행 상황(또는 안 되는 것)에 대하여 서로 나눌 수 있는 시간을 마련한다.

[활동 4] 자기 자신에게 감사하기

1. 당신은 자신의 어떤 면에 대하여 감사하고 있는가? 그 이유는 무엇
   인가?

   '어떤 뜻을 가지면 그것을 행동으로 옮기는 나 자신을 볼 때 나는
   스스로에게 감사한다. 나는 꿈을 현실로 실현하는 것을 소중히 여기
   기 때문이다.'

2. 만일 스스로에게 감사하는 부분이 내면의 어떤 자질/품성이라면,
   당신이 했던 말이나 행동 중에서 그것을 보여 주는 사례를 기억할
   수 있는가?

   '내가 지금 하고 있는 일, 바로 이 워크북 원고를 마무리하고 있는
   일이 구체적인 예가 될 것 같다.'

3. 그와 같은 행동이나 자질/품성으로 충족되는 당신의 가치관이나
   욕구는 무엇인가?

'이 행동은 효율성뿐 아니라 기여와 지원을 하고 싶은 나의 욕구도 충족시켜 준다. 나는 NVC를 배우는 사람들에게 기여하고 싶은데, 특히 혼자 공부하는 사람들을 지원하기를 원한다.'

'그리고 이 행동은 보람, 목적 지향성, 창조성, 도전, 즐거움의 욕구를 충족시켜 준다. 또, 성장과 배움도, 와우!'

4. 자신의 이런 면들에 대해 감사하고 있음을 알았을 때 어떤 느낌이 드는가?

'여기에 앉아 자신에게 감사를 하고 있자니 놀라움과 즐거움을 느낀다. 감동받은 느낌, 무엇인가 경이로운 느낌도 든다. 손은 여전히 자판 위에 있지만 내 눈은 자연히 창문 밖으로 멀리 보이는 산봉우리로 끌린다……. 뾰족뾰족하게 솟아 있는 설산 봉우리들이 정답게 느껴지고, 나의 가슴은 감사로 흘러 넘치면서 나도 이 신비로움의 한 부분임을 느낀다.'

'내가 삶의 한 부분이고, 또 내 손이 닿을 수 있는 선물이 있다는 것을 알 때 짜릿한 기분을 느낀다. 이 모든 느낌들을 내가 느끼고 있다는 것이 놀랍다.(나는 오늘 아침에 짧은 예시 답안으로 워크북의 이 부분을 끝내겠다고 생각하면서 하루를 시작했다.)'

'나는 또 약간 겸허해지는 것도 느낀다. 왜냐하면 내가 일 년 전에 직접 만든 NVC 연습 문제일지라도 정말 이렇게 기계적으로 하고 끝낼 수 있을 거라고 생각했나 하는 마음이 들기 때문이다.'

'그리고 마셜과 NVC에 대해 깊은 감사를 느낀다. 왜냐하면 나를 거듭해서 삶에 연결되도록 해 주기 때문이다.'

5. 자기 자신에게 감사하고 그것을 공개적으로 표현하고 나니, 어떤 느낌이 드는가? 이 활동에 대해 하고 싶은 피드백이 있는가?

'나는 약간 불안하고……. 다른 사람들이 어떻게 생각할까 조심스럽기도 하고……. 내가 공개적으로 나누는 것에 대한 이해와 수용이 있으리라는 믿음이 필요하구나…….'

'이 활동에 대해서 말하자면, 이 예시 답안을 쓰는 데 30분이 아니라 2시간이 걸린 것이 재미있다. 그러나 나는 진솔한 경험에서 나오는 반응을 중요하게 여기기 때문에 기쁘다.'

> 🍀 앞의 예시 답안들을 읽은 후 이 활동에 대한 자신의 답을 찬찬히 살펴본다. 자신에게 감사하기 위해 사용한 프로세스와 예시 답안을 비교해 본다. 어떤 유사점과 차이점을 인식하였으며, 그것을 인식함으로써 배운 바는 무엇인가?

제4부_ 제14장: NVC로 감사 표현하기

부록

추가연습을 위한 제언

1. 14개월에 걸친 연습 과정 시작하기

일주일에 한 장씩 연습하는 방법을 택한 많은 사람들은 워크북에 나온 자료들을 좀 더 공부할 시간이 주어진다면 훨씬 더 깊이 있게 배울 수 있는 가능성이 있다는 것을 깨닫게 된다. 이 점은 교재의 내용을 혼자서 연습하고 있는 개인에게 특히 분명하다. 14주가 지난 뒤에 좀 더 체계화된 연습을 계속하고 싶다면, 한 장의 주제를 가지고 한 달 동안 '그것과 함께 살아 보기'를 고려해 보는 것이다.

그러면 첫 달의 목적은 매일매일 마음으로 준 순간들과 그렇지 않았던 순간들을 알아차리는 인식 능력을 기르는 일이 될 것이다. 다른 일을 하고 싶었지만 상대방의 뜻에 맞추려 "예!"라고 했던 순간이 있다면, 그것을 기억하거나 노트에 메모해 놓는다. 그리고 나중에 다르게 반응할 수도 있겠다는 확신이 섰을 때 그 순간들로 되돌아가 본다. 그 순간들로 다시 돌아가 보는 것은 당신의 NVC 의식을 깊게 하는 도전의 기회가 될 수 있다. 시간이 지나면, 당신이 "예!"라고 말하는 그 욕구를 상대방이 분명히 들을 수 있는 방식으로 "아니요!"라고 말할 수 있게 된 것을 당신은 축하하게 될 것이다.

둘째 달에는 매일 자신의 느낌과 욕구로부터 단절을 가져오는 외부와 내면의 메시지들을 알아차리는 데 주의를 둔다. '해야만 한다' '해서는 안 된다' '하기로 되어 있다' 그리고 '마땅하다'와 같은 말을 당신이 하거나 들었던 때를 의식한다. 당신이 원하는 것을 얻기 위한 수단/방법으로 다른 사람에게 조종, 강요, 처벌(혹은 보상)을 사용했던 순간이나, 누군가와 대화할 때의 의도가 상대에게 비난, 수치심, 죄책감을 주려는 것이었던 순간에 깨어 있는다. 집이나 직장에서 외적인 보상을 받기 위한 동기에서 했던 선택들을 의식한다. 당신이 다음과 같은 칭찬을 하거나 받은 순간에 주의를 기울인다. "오, 정말 잘했어! 난 네가 자랑스러워." "참 훌륭한 아들(엄마, 직원, 학생, 애인, 강사)이야!" 이때 당신은 칭찬이나 인정을 받기 위해서 그렇게 하고 있는가? 아니면, 기쁜 마음으로 다른 사람의 삶에 기여했거나 다른 사람으로부터 선물을 받은 순간들을 축하하고 있는가?

셋째 달에는 평가와 관찰을 분리하는 데 집중한다. 이런 식으로 한 달 전체 동안 각 장에 나와 있는 특정한 주제에 초점을 맞추며 계속한다.

2. 만족스럽지 않았거나 혼란스러웠던 상황 재연해 보기

지나고 나서 다른 사람이나 특히 자신과의 관계에서 '다르게 했더라면 좋았을걸……' 하는 상황을 다시 돌이켜 보는 습관을 들인다. 그런 대화를 기억나는 대로 써 보거나 녹음하여 어느 지점에서 내면의 단절이 있었는지 찾아본다.(예를 들자면, 어떤 부모가 당신이 듣기에 불편한 억양과 음성으로 자신의 아이에게 말하고 있는 것을 보았다고 가정하자. 그 순간 당신의 반응은 아이에게 너무 함부로 한다고 그 부모를 비난하는 것이거나 아이를 '말썽꾸러기'라고 비난하는 것일지 모른다. 또는, 당신의 가족 중에 누군가가 당신의 잘못을 지적하면서 야단을 치고 있는 어린 시절의 기억이 되살아날 수도 있다.) NVC를 이용하여 당신의 말이나 상대방의 말을 바꾸어 보자. 당신의 욕구를 충족시키거나 그러지 못한 당신의 말과 행동뿐 아니라 느낌과 욕구도 회상해 본다. NVC 방식으로 행동하지 못했다고 자책하고 있는 자신을 발견할 때에는 다음과 같은 연습을 한다.

3. 자기 공감 연습하기

자신이 고통 속에 있는 것을 발견할 때에는 언제나 몇 번이고 멈추어 자신에 대해 공감한다. 만약 그 자리에서 공감할 수 없다면, 그 순간을 '일시 정지'해 놓았다가 나중에 다시 떠올려서 늦게라도 자기 공감을 한다. '응급용 자기 공감'을 하는 데 점점 더 익숙해질수록 어떤 어려운 상황에서라도 자신의 느낌, 욕구와 연결하면서 즉각 반응할 수 있는 습관이 깊어지게 된다. 특별히 힘들고 복잡한 문제가 있을 때에는 시간을 가지고 당신의 내면에서 일어나는 대화를 적어 본다. 우선 습관적인 언어나 생각, 이미지로 자신을 표현하고 있는 당신의 일부가 자유롭게 펼쳐지도록 놓아둔다. 그다음, 공감으로 듣는 사람이 되어 그 내면의 대화에 나오는 각각의 말을 관찰, 느낌, 욕구와 부탁으로 바꾸어 본다.

4. 다른 NVC 자료 찾아보기

NVC를 배우는 것을 지원하기 위해 NVC센터에서는 지속적으로 새로운 교재를 개발하고 있다. 이 책의 뒷부분에 관련 책자와 교구, DVD 등에 대한 설명이 실려 있다. 친구들과 함께 NVC에 관한 DVD를 시청하는 것은 같은 생각을 가진 사람들로부터 지원을 받는 동시에 NVC를 다시 돌아볼 수 있는 즐거운 방법이 된다.

> ♣ NVC를 혼자서 익히기로 선택한 사람이라도, 도움을 청하거나 피드백을 부탁하고 공감을 받을 수 있는 'NVC 친구'와 함께하면 NVC 연습에서 큰 성취감을 누릴 수 있다.

느낌 목록

A. 욕구가 충족되었을 때

- 감동받은, 뭉클한, 감격스러운, 벅찬, 환희에 찬, 황홀한, 충만한
- 고마운, 감사한
- 즐거운, 유쾌한, 통쾌한, 흔쾌한, 경이로운, 기쁜, 반가운, 행복한
- 따뜻한, 감미로운, 포근한, 푸근한, 사랑하는, 훈훈한, 정겨운, 친근한
- 뿌듯한, 산뜻한, 만족스러운, 상쾌한, 흡족한, 개운한, 후련한, 든든한, 흐뭇한, 홀가분한
- 편안한, 느긋한, 담담한, 친밀한, 친근한, 긴장이 풀리는, 차분한, 안심이 되는, 가벼운
- 평화로운, 누그러지는, 고요한, 여유로운, 진정되는, 잠잠해진, 평온한
- 흥미로운, 재미있는, 끌리는

- 활기찬, 짜릿한, 신나는, 용기 나는, 기력이 넘치는, 기운이 나는, 당당한, 살아 있는, 생기가 도는, 원기가 왕성한, 자신감 있는, 힘이 솟는
- 흥분된, 두근거리는, 기대에 부푼, 들뜬, 희망에 찬

B. 욕구가 충족되지 않았을 때

- 걱정되는, 까마득한, 암담한, 염려되는, 근심하는, 신경 쓰이는, 뒤숭숭한
- 무서운, 섬뜩한, 오싹한, 겁나는, 두려운, 진땀 나는, 주눅 든, 막막한
- 불안한, 조바심 나는, 긴장한, 떨리는, 조마조마한, 초조한
- 불편한, 거북한, 겸연쩍은, 곤혹스러운, 멋쩍은, 쑥스러운, 괴로운, 난처한, 답답한, 갑갑한, 서먹한, 어색한, 찜찜한
- 슬픈, 그리운, 목이 메는, 먹먹한, 서글픈, 서러운, 쓰라린, 울적한, 참담한, 한스러운, 비참한, 속상한, 안타까운
- 서운한, 김빠진, 애석한, 낙담한, 섭섭한
- 외로운, 고독한, 공허한, 허전한, 허탈한, 막막한, 쓸쓸한, 허한
- 우울한, 무력한, 무기력한, 침울한
- 피곤한, 노곤한, 따분한, 맥 빠진, 귀찮은, 지겨운, 절망스러운, 실망스러운, 좌절한, 힘든, 무료한, 지친, 심심한
- 질린, 지루한
- 멍한, 혼란스러운, 놀란, 민망한, 당혹스러운, 부끄러운
- 화나는, 약 오르는, 분한, 울화가 치미는, 억울한, 열 받는, 짜증 나는

보편적 욕구 목록

NVC 의식의 핵심: 지금 나의 욕구는 무엇인가?

NVC의 핵심은 지금 이 순간 우리 안에서 생동하고 있는 삶의 에너지에 대한 의식이다. 우리는 이 에너지가 우리의 삶을 유지시키는 한편, 우리가 소중히 여기는 어떤 특질과 연관이 있다고 본다. 그 에너지는 순간순간 어떤 특정한 소망이나 욕구, 필요, 바람으로 나타나며 그것의 충족 여부가 우리가 가지게 되는 느낌의 원인이다.

NVC에서는 우리 모두가 중요하게 생각하는 삶을 유지해 주는, 또 모든 인간에게 공통적으로 있는 보편적 욕구를 찾으려고 노력한다. 문화권에 상관없이 모든 인간은 신체의 생존을 위해 필수적인 공기, 음식, 수면 등뿐 아니라 번성하고 성취하는 삶을 살고 자신들의 인간적 잠재력을 실현하기 위하여 연결, 자율성, 의미, 안전, 존중과 같은 기본적인 욕구들을 공유하고 있다. 우리는 이러한 기본적인 욕구들과 그것들을 실현하기 위한 구체적인 수단/방법(때와 장소, 사람, 행위 등)을 명확하게 구별한다. 구체적인 수단/방법은 욕구와 동일시되는 것이 아니라 '부탁'을 통해 표현되는 것이다. 이 차이는 NVC에서 대단히 중요하다.

다음에 나오는 욕구 목록은 모든 욕구를 포함하고 있는 것이 아니고 최종적인 것도 아니다. 욕구가 보편적인 것인 반면, 사람마다 자신의 욕구를 표현하는 말은 모두 다를 수 있다. 욕구를 표현하는 일은 과학이 아니라 우리 각자가 스스로 가꾸어 가는 예술이다. 우리가 욕구를 표현하는 말의 폭을 넓혀 가는 목적은 더 정확하게 하는 것이 아니라 의식을 깊게 하는 것이다.

보편적 욕구

상호 의존
다른 사람에게 주고, 또 다른 사람에게서
받는

수용, 포함되기
인정
(긍정적인 기여가 이루어졌다는 확인)

연민
(고통으로 보이는 것을 보살피는 반응)

연결
배려
(자신과 다른 사람의 욕구 혹은
선호하는 것에 대한)

협력
공동체
(자신보다 더 큰 어떤 것의 일부가 되는 것)

공감
솔직함
(우리가 지난날의 행동이나 한계에서 배울
수 있도록 우리의 말이나 행동에 대한 솔직
한 반응)

**따뜻함, 가까움, 친밀함, 존중, 자기존중,
지지, 보살핌, 신뢰, 믿음, 이해**
(이해하고 이해받음)

가시성
(보고 보여짐)

안전과 건강
안전, 의존, 일관성

조화와 균형
아름다움, 질서, 평화, 온전함
평등, 상호성, 영감, 교감

자율성과 진정성/자기 존재에 대한 믿음
자율성
(자신의 목표, 가치, 꿈을 선택하고
실현하기 위한 방법을 선택하기)
성실성
(자신의 가치대로 살아가는)
진정성/자기 존재에 대한 믿음
(자신에게 진실하기)

명확함과 알아차림
의식
이해
(지식과 지혜, 경험에 대한 욕구)

의미와 효율성
기여
(삶을 풍요롭게 하는 데 대한)
의미
목적 있는 활동, 일
성장
유능함/자신감
창조성, 자기표현

휴식과 놀이
즐거움
도전, 자극
편안함, 이완
축하와 애도
(삶, 그리고 탄생과 죽음의 순환을)

SSTOP!
파괴적인 분노 멈추기

S	S	T	O	P
STIMULUS 자극	**SHOULD–THINKING** '해야만 한다'는 생각	**TRANSLATE TO NEED** 욕구로 바꾸어 보기	**OPEN TO FEELINGS** 느낌에 마음 열기	**PRESENT REQUEST** 현재의 부탁
누군가 한 말 (그 사람이 실제로 한 말): "야, 이 멍청아."	**화의 원인**	**인간의 보편적 욕구**	**신체 감각** **감정** 화 뒤에 놓여 있는	**현재 나의 욕구를 충족시키기 위해 나 자신이나 다른 사람에게 부탁하는 구체적이고 실행 가능한 행동**
누군가의 행동 (그 사람이 한 행동): 그 사람이 내 라디오를 땅에 내동댕이 쳤다.				
특정 상황, 대상, 또는 장면: 집에 와 보니 우편함이 망가져 있었다				

개인 피드백 서식
(필요하면 복사해서 쓸 수 있습니다.)

NVC 연습모임 개인 피드백

이름: _____ 진행자: _____

모임 날짜: _____ 장소: _____

다음 사항에 관한 나의 관찰, 느낌, 욕구(충족된 것과 충족되지 못한 것)

1. 오늘 모임: _____

_____

2. 나의 참여: _____

_____

3. 다른 사람들의 참여: _____

_____

4. 리더의 진행에 대하여: _____

_____

5. 오늘 내가 배운 것: _____

_____

_____

_____

그룹 피드백 서식

(필요하면 복사해서 쓸 수 있습니다.)

NVC 연습모임 월 단위 그룹 피드백

년/월: _____

모임 이름: _____

매달 마지막 모임의 진행자는 모임에 대해 평가하는 시간을 진행한 후
이 서식에 논의 내용을 기록한다.

이번 한 달 동안 우리가 같이 연습한 것을 되돌아볼 때

1. 기뻤던 점: _____

_____

2. 우리가 당면한 힘든 점이나 걱정거리: _____

_____

3. 다음 달에 해 보고 싶은 새로운 방법: _____

_____

4. 우리 모두가 동의하지 않은 것: _____

_____

5. 우리가 배운 것: _____

_____

NVC 흐름 따라가 보기
(필요하면 복사해서 쓸 수 있습니다.)

NVC 흐름 따라가 보기

NVC 댄스 스텝을 밟는 데 이 표를 이용할 수 있다.

	솔직함(말하기)	공감(듣기)
관찰		
느낌		
욕구		
부탁		★

★ 문제 해결은 상대방의 느낌과 욕구를 온전히 공감한 후에만 한다.

NVC 관련 자료

비폭력대화(NVC)는

상대를 비난하거나 비판하지 않으면서 자신의 마음을 솔직하게 표현하는 방법이다. 그리고 들을 때에는 상대가 어떤 식으로 자신을 표현하든 그 말 뒤에 있는 느낌과 그 사람이 진실로 원하는 것을 듣는 대화 방법이다. 또, 자신이 원하는 것을 강요나 명령이 아니라 상대의 선택을 존중하면서 부탁하는 것이다. 갈등이 있을 때에는 모두의 욕구(Needs)를 동등하게 존중하면서 갈등을 평화롭게 해결해 나가는 대화 방법이다.

비폭력대화의 목적은 서로 공감하면서 질적인 인간관계를 이루는 것이다. 어떤 특정한 결과를 얻으려는 것이 아니라, 서로의 욕구를 이해하고 중요하게 여기면서 마음과 마음으로 연결하여 모두의 욕구를 충족할 수 있는 방법을 찾아 가는 것이다.

비폭력대화는 형태는 단순하지만 삶에 근본적인 변화를 가져오는 효과가 있다.

비폭력대화의 효과

- 생각하고 말하고 듣고 행동하는 방식을 선택하며 사는 법을 배울 수 있다.
- 분노를 자아내고 자존감을 떨어뜨리는 말 대신 공감과 연결을 가져오는 말을 쓰게 된다.
- 서로 분명하고 구체적인 부탁을 할 수 있게 되어 모두가 원하는 것을 얻을 가능성이 커진다.
- 모든 사람이 공유하는 보편적 욕구의 에너지로 연결되어 서로의 행복에 기여하는 즐거움을 경험하게 된다.
- 직장이나 공동체에서 서로 다른 점을 존중하고 건설적인 피드백을 주고받음으로써 서로 신뢰하고 협력하게 되어 스트레스를 줄일 수 있다.
- 자기 공감을 통해 과거에 다른 사람이 준 아픈 상처, 자신이 한 말이나 행동에 대한 죄책감에서 배움을 얻음으로써 자유롭고 생동감 있게 살게 된다.

비폭력대화는 친밀한 관계는 물론이고 직장, 의료·사회복지 분야, 경찰·교정 분야, 정부, 학교, 사회단체에 이르기까지 다방면에서 치유와 화해의 길을 열어 준다.

CNVC와
한국NVC센터(한국비폭력대화센터)에 대하여

CNVC The Center for Nonviolent Communication

CNVC는 NVC를 배우고 나누는 일을 지원하고, 개인과 조직, 사회에서 일어나는 갈등들을 평화롭고 효과적인 방법으로 해결하는 것을 돕기 위해 1984년 마셜 로젠버그가 설립했다.

CNVC는 모든 사람의 욕구를 소중히 여기고, 삶이 가진 신성한 에너지와 연결된 의식 속에서 살아가는 사람들이 서로에게 즐거운 마음으로 기여하며, 갈등을 평화롭게 해결하는 세상을 지향한다.

CNVC는 지도자인증프로그램, 국제심화교육(IIT), NVC 교육과 NVC 공동체 확산을 위한 활동을 하고 있다. 현재 700여 명의 국제인증지도자들이 전 세계 80개국이 넘는 지역에서 활동하고 있다.

9301 Indian School Rd NE Suite 204

Albuquerque, NM 87112-2861 USA

website: www.cnvc.org / e mail: cnvc@cnvc.org

한국NVC센터(한국비폭력대화센터)

모든 사람들의 욕구가 존중되고 갈등이 평화롭게 해결되는 사회의 꿈을 가진 사람들이 2006년 캐서린 한Katherine Singer과 힘을 모아 만든 비영리 단체이다. 한국NVC센터는 NVC 교육과 트레이너 양성을 통해 우리 사회에 기여하기 위해 설립되었다. 교육은 (주)한국

NVC교육원에서 진행하고 한국NVC센터(NGO)는 NVC의 의식을 나누는 활동을 하고 있다.

한국NVC센터가 하는 일

- **교육(한국어/영어)**

  NVC 소개를 위한 공개강의, NVC 1·2·3, 심화·지도자 준비 과정, IIT(국제심화교육), 중재교육, 부모교육, 놀이로 어린이들에게 NVC를 가르치는 스마일 키퍼스®Smile Keepers®, 가족캠프 등

- **외부 교육**

  기업, 학교, 법원 등 각종 기관과 조직 안에 소통을 통한 조화로운 관계를 만들기 위하여 요청과 필요에 맞춰 교육과정을 제공한다.

- **상담(개인/부부/집단)**

  내담자의 느낌과 욕구에 공감하며, 더 행복하게 사는 데 도움이 되는 행동이나 결정을 내담자가 찾아 가도록 도와준다.

- **중재**

  한국NVC중재협회를 통해 중립적인 위치에서 느낌과 욕구에 기반을 둔 대화를 도와줌으로써 모두의 욕구가 충족될 수 있는 방법을 찾아 가도록 한다. 현재 지방법원과 서울가정법원에서 조정위원으로 활약하고 있다.

- **연습모임 지원**

  NVC를 자율적으로 연습하는 모임을 위한 장소를 대여하고 연습을 위한 정보와 자료를 제공한다.

- 교재·교구 연구개발, 제작 및 판매
- 번역, 출판 사업

* 그 밖에도 비폭력대화의 확산을 위해 보호관찰소, 법원, 공부방 등과 탈북인, 다문화 가정을 위한 여러 가지 일을 하고 있다.

연락처
대표문의 nvccenter@krnvc.org 02-6291-5585
센터교육 nvcedu@krnvc.org 02-325-5586
외부교육(강사 문의) training@krnvc.org 02-6085-5585
출판 및 판매 book@krnvc.org 02-3142-5586
홈페이지 www.krnvc.org **Fax** 02-325-5587
주소 (03035) 서울시 종로구 자하문로17길 12-9(옥인동) 2층

느낌말 목록

욕구가 충족되었을 때

- 가벼운
- 뭉클한
- 안심한
- 편안한
- 흐뭇한

- 고마운
- 뿌듯한
- 자랑스러운
- 평온한
- 흥미로운

- 기쁜
- 생기가 도는
- 즐거운
- 평화로운
- 희망에 찬

- 든든한
- 신나는
- 충만한
- 홀가분한
- 힘이 솟는

욕구가 충족되지 않았을 때

- 걱정되는
- 난처한
- 불편한
- 외로운
- 지루한

- 괴로운
- 답답한
- 슬픈
- 우울한
- 짜증 나는

- 꺼림칙한
- 당혹스러운
- 실망스러운
- 절망적인
- 혼란스러운

- 낙담한
- 두려운
- 아쉬운
- 조바심 나는
- 화나는

보편적인 욕구 목록

자율성autonomy

- 꿈/목표/가치를 선택할 수 있는 자유
- 자신의 꿈/목표/가치를 실현하기
  위한 방법을 선택할 자유

축하celebration/애도mourning

- 인생예찬
- 잃어버린 것(사랑하는 사람, 꿈 등)을
  애도하기

진정성/온전함integrity

- 자기 존재에 대한 믿음
- 창조성 •의미 •자기 존중
- 정직

몸 돌보기physical nurturance

- 공기 •음식 •물
- 신체적 보호 •따뜻함
- 자유로운 움직임 •운동
- 휴식 •성적 표현 •주거 •잠

놀이play

- 재미
- 웃음

영적 교감spiritual communion

- 아름다움
- 조화 •영감
- 평화 •질서

상호 의존interdependence

- 수용 •감사 •친밀함
- 공동체 •배려
- 삶을 풍요롭게 하기 위한 기여
- 정서적 안정 •공감 •연민
- 돌봄 •소통
- 협력 •나눔
- 인정 •우정
- 사랑 •안심
- 존중 •지지
- 신뢰 •이해

★ 위의 느낌과 욕구 목록에 자신의 것을 추가해 보십시오.

NVC를 적용하는 방법

말하기
상대를 비난하지 않으면서
나 자신을 솔직하게 말할 때

듣기
상대방의 말을
공감으로 들을 때

관찰

상황을 있는 그대로 관찰하기
"내가 ～을 보았을(들었을) 때"

상황을 있는 그대로 관찰하기
"네가 ～을 보았을(들었을) 때"

느낌

나의 느낌
"나는 ～하게 느낀다."

상대방의 느낌
"너는 ～하게 느끼니?"

욕구/필요

나의 느낌 뒤에 있는 욕구/필요
"나는 ～이 필요(중요)하기
때문에……"

상대방의 느낌 뒤에 있는 욕구/필요
"너는 ～이 필요(중요)하기
때문에……"

부탁/요청

내가 부탁하는 구체적인 행동
연결부탁
"내가 이렇게 말할 때
너는 어떻게 느끼니(생각하니)?"

행동부탁
"～를(을) 해 줄 수 있겠니?"

상대가 부탁하는 구체적인 행동
"너는 ～를 바라니?"

한국NVC출판사 발행 서적·교구

비폭력대화 Nonviolent Communication

마셜 B. 로젠버그 지음 | 캐서린 한 옮김

Nonviolent Communication: A Language of Life(3rd edition)의 번역서. NVC의 기본 개념, NVC 모델, 프로세스 등이 자세히 나와 있는 기본 텍스트다. 2004년에 나온 초판의 개정증보판으로, 디팩 초프라의 머리말과 '갈등 해결과 중재'를 다룬 제11장이 새로 추가되었다.

비폭력대화 워크북
Nonviolent Communication Companion Workbook

루시 루 지음 | 한국NVC센터 옮김

NVC 인증지도자인 루시 루의 개인과 연습모임을 위한 안내서.
마셜 로젠버그의 『비폭력대화』에 맞춰 한 장 한 장 연습할 수 있도록 도와준다. NVC를 연습해 볼 수 있는 다양한 활동과, 연습모임 리더에게 도움이 되는 제안 등이 담겨 있다.

갈등의 세상에서 평화를 말하다
Speak Peace in a World of Conflict

마셜 B. 로젠버그 지음 | 정진욱 옮김 | 캐서린 한 감수

NVC의 원리를 적용해 자기 내면에서, 타인과의 관계에서, 그리고 다양한 사회조직 안에서 발생하는 갈등과 문제를 평화적으로 해결하는 방법을 알려 준다. 실제 사례와 연습 중심으로 구성된 실천 지침서.

삶을 풍요롭게 하는 교육 Life-Enriching Education
마셜 B. 로젠버그 지음 | 캐서린 한 옮김

교육 현장에서 교사와 학생들이 비폭력대화를 통해 자율성과 상호 존중을 배울 수 있는 학습 환경을 만들어 가는 방법을 보여 준다. 라이앤 아이슬러가 서문을 쓰고, P.E.T.의 토머스 고든이 추천하는 책이다. 교사들을 위한 비폭력대화.

크리슈나무르티, 교육을 말하다
Education and the Significance of Life

J. 크리슈나무르티 지음 | 캐서린 한 옮김

독창적 사상가 크리슈나무르티가 '교육은 무엇인가?'라는 질문에 답한다. 잘못된 사회 구조와 가치관에 대한 순응, 두려움과 경쟁, 갈등과 비참을 부추기는 현대 교육의 문제점을 꼬집고, 통합적 자기 이해를 바탕으로 주위의 모든 것과 바른 관계를 맺도록 돕는 교육 본연의 모습으로 돌아가라고 촉구하는 교육론의 고전.

비폭력대화(NVC) 작은책 시리즈 ❶
자녀가 '싫어'라고 할 때 Parenting from Your Heart

인발 카스탄 지음 | 김숙현 옮김 | 캐서린 한 감수

부모와 자녀들에게 NVC가 실제로 어떻게 도움을 줄 수 있는지 소개하고 있다. 힘든 상황에서도 서로 신뢰를 쌓고 협력을 증진할 수 있는 방법을 제시한다.

비폭력대화(NVC) 작은책 시리즈 ❹
비폭력대화NVC와 영성 Practical Spirituality

마셜 B. 로젠버그 지음 | 캐서린 한 옮김 | 한국NVC센터 | 8,000원

비폭력대화의 영적인 기반에 대한 마셜 로젠버그의 간결하고 즉흥적인 설명을 담고 있다. 자신과 다른 사람 안에 있는 신성과 연결하고, 공감과 연민의 세상을 만들어 내기 위한 영감을 받을 수 있을 것이다.

비폭력대화(NVC) 작은책 시리즈 ❺
분노의 놀라운 목적 The Surprising Purpose of Anger

마셜 B. 로젠버그 지음 | 정진욱 옮김 | 한국NVC센터 | 8,000원

분노는 우리 욕구가 충족되지 못하고 있음을 알리는 경보이고, 따라서 내면의 소중한 것들에 연결되도록 우리를 이끄는 선물이다. 마셜 로젠버그가 NVC 프로세스를 분노 다루기에 적용해 문제를 평화적으로 해결해 가는 방법을 알려 준다.

비폭력대화(NVC) 작은책 시리즈 ❻
비폭력대화와 사랑Being Me, Loving You
마셜 B. 로젠버그 지음 | 이경아 옮김

사랑이란 우리가 다른 사람에 대하여 느끼는 감정, 그것도 강렬한 감정이라고 생각하는 사람이 많다. 마셜 로젠버그가 사랑을 그와 전혀 다르게, 그리고 삶을 풍요롭게 하는 방식으로 이해하도록 우리를 돕는다.

비폭력대화(NVC) 작은책 시리즈 ❼
비폭력대화와 교육Teaching Children Compassionately
마셜 B. 로젠버그 지음 | 정진욱 옮김

처벌이나 보상, 죄책감, 수치심 같은 강압적인 수단에 의해 동기를 부여받기에는 배움이란 너무도 소중하다. 마셜 로젠버그가 우리의 느낌과 욕구를 표현하고 상대방의 느낌과 욕구에 공감으로 연결하는 교육이라는 대안을 제시한다.

자칼 마을의 소년 시장Mayor of Jackal Heights
리타 헤이조그, 캐시 스미스 지음 | 페기 파팅턴 일러스트 | 캐서린 한 옮김

비폭력대화의 개념을 동화로 표현한 작품이다. 서로의 차이를 인정하고 갈등을 평화롭게 해결하기 위한 비폭력대화의 핵심을 재미있게 표현하고 있다.

어린이를 위한 NVC 워크숍
스마일 키퍼스 1(5~10세) 스마일 키퍼스 2(11~15세)
나다 이냐토비치–사비치 지음 | 한국NVC센터 옮김

어린이들이 재미있는 놀이를 하면서 상호작용을 통해 정서적 안정을 유지하고, 갈등을 극복할 방법을 찾고, 의사소통 기술을 향상시키고, 자신감과 타인에 대한 신뢰를 키우고, 자신과 타인을 더 잘 이해할 수 있도록 돕는 32회의 워크숍 프로그램. 진행 방법을 자세히 안내해 교육 현장에서 바로 활용할 수 있게 구성되어 있다.

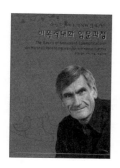

마셜 로젠버그 박사의
비폭력대화 입문과정 DVD

마셜이 진행한 NVC 입문과정 워크숍The Basics of Nonviolent Communication을 녹화한 것이다. NVC를 처음 배우는 사람에게 훌륭한 기본교재일 뿐만 아니라, 이미 알고 있는 사람에게도 깊이 있게 이해하는 데 도움이 된다. 마셜이 기타를 치면서 노래도 하며 실제 사례를 들고 있어 재미있게 배울 수 있다.

NVC 카드게임 그로그(GROK)

느낌카드 한 묶음, 욕구카드 한 묶음, 여러 가지 게임에 대한 설명서가 들어 있다. 자신의 욕구를 더 명확하게 인식하고, 쉽게 상대방에게 공감할 수 있으며, 모임에서 놀이하듯 활용할 수 있다. NVC를 모르는 사람, 특히 아이들과 NVC를 나누는 데 효과적이다.

NVC 느낌욕구 자석카드

느낌 자석카드 50개, 욕구 자석카드 50개가 들어 있다. 어린이, 청소년들의 학교 현장, 각종 교육기관, 가정 등에서 자신을 솔직하게 표현하고 다른 사람에게 공감하는 것을 배울 수 있는 교육 교재로 교육, 상담, 놀이에 활용할 수 있다.

기린/자칼 귀 머리띠(Ears)

기린/자칼 손인형(Puppets)

손인형과 귀 머리띠 세트 (각 1개씩 총 4개 한 세트)

만해마을 집중심화 DVD(한국어 통역)

로버트 곤잘레스, 수잔 스카이

2007년 5박 6일간 한국NVC센터 주최로
인증지도자인 로버트 곤잘레스와 수잔 스카이를 초청해서
진행한 집중심화 훈련을 DVD로 정리한 것이다.

1. 집중심화훈련 소개와 트레이너, 참가자 소개
2. NVC의 기본
3. Need에 대하여, Living Energy로 말하기
4. 공감에 대하여—수잔 스카이
5. 공감에 대하여—로버트 곤잘레스
6. 충족되지 않은 욕구의 아픔을 욕구의 아름다운 힘으로 바꾸기(시범)
7. 충족되지 않은 욕구의 아픔을 욕구의 아름다운 힘으로 바꾸기(실습)
8. 지배 체제와 파트너십 체제
9. Power-under와 Power-over(지배를 당하기, 지배하기)
10. 거절하기와 거절 받아들이기—수잔 스카이
11. 자극받는 말이나 행동—로버트 곤잘레스
12. 솔직하게 표현하기—수잔 스카이
13. 욕구가 갈등하고 있는 것처럼 보일 때—로버트 곤잘레스
14. Closing 1
15. Closing 2